# 教师如何管控法律风险

雷思明 ——————— 著

## 50个好用的依法执教策略

中国人民大学出版社

· 北京 ·

图书在版编目（CIP）数据

教师如何管控法律风险：50个好用的依法执教策略／
雷思明著 . -- 北京：中国人民大学出版社，2023.9
ISBN 978 - 7 - 300 - 32186 - 8

Ⅰ. ①教… Ⅱ. ①雷… Ⅲ. ①教育法—风险管理—研
究—中国 Ⅳ. ①D922.164

中国国家版本馆 CIP 数据核字（2023）第 172472 号

教师如何管控法律风险：50 个好用的依法执教策略

雷思明 著

Jiaoshi Ruhe Guankong Falü Fengxian: 50 Ge Haoyong de Yifa Zhijiao Celüe

| | | | |
|---|---|---|---|
| **出版发行** | 中国人民大学出版社 | | |
| **社　　址** | 北京中关村大街 31 号 | **邮政编码** | 100080 |
| **电　　话** | 010 - 62511242（总编室） | | 010 - 62511770（质管部） |
| | 010 - 82501766（邮购部） | | 010 - 62514148（门市部） |
| | 010 - 62515195（发行公司） | | 010 - 62515275（盗版举报） |
| **网　　址** | http://www.crup.com.cn | | |
| **经　　销** | 新华书店 | | |
| **印　　刷** | 北京华宇信诺印刷有限公司 | | |
| **开　　本** | 720 mm × 1000 mm　1/16 | **版　　次** | 2023 年 9 月第 1 版 |
| **印　　张** | 16　插页 1 | **印　　次** | 2025 年 7 月第 3 次印刷 |
| **字　　数** | 220 000 | **定　　价** | 78.00 元 |

**目录**

# 第 4 章

# 教育惩戒

# 5

## 第 5 章
## 学生安全管理

# 序

  当前，国家正在大力推进现代学校制度建设，其核心是落实依法治校制度。而依法治校的关键，是教师依法执教，维护师生的合法权益。

  近年来，教师侵犯学生权利的现象时有发生。例如，一些教师在管教学生的过程中实施了体罚、变相体罚行为，给学生造成了身心伤害，甚至引发了法律纠纷。一些教师在批评学生时辱骂学生，或者以歧视性、侮辱性的言行贬低学生的人格尊严，导致学生做出过激反应，甚至实施自杀、自伤行为。一些教师违规收取"班费"，明示或暗示学生到指定的书店购买教辅资料，引起了学生及家长的不满。一些教师在对违纪学生实施"罚站""停课、停学"等教育惩戒的过程中，没有遵守法定规则和程序要求，侵犯了学生的权益。一些教师安全意识不强，在课堂上或者课间疏于履行对学生的管理和保护职责，酿成安全事故，引发了法律纠纷。这些大大小小的偶发"事故"，违背了教师教书育人的初衷，破坏了师生、家校之间的和谐关系，干扰了正常的教育教学秩序，甚至引发了舆情危机。

  实践证明，维护良好的教育教学秩序，实现教书育人的目的，离不开教师依法执教。脱离了依法执教，教师容易犯错甚至犯法，既伤害学生，也会让自己付出大小不一的代价。

  政治、经济的发展，科学技术的进步，社会环境的变迁，重构了教育领域的各种秩序和关系。今天的教师，面临的是迥异于过往的工作和生活环境。面对法治观念、权利意识日益增强的学生、家长和社会大众，教师若没有较高的法律素养，是很难胜任教育教学工作的。教师任何不经心的"小任性""小差错"，都有可能引发剧烈的师生冲突，酿成万众关注的舆论风暴，从而让自己乃至学校陷入困境。那么，教师该怎么办呢？唯有积极了解、熟悉跟教师职业、跟未成年人保护相关的法律法规，树立法治意识，提高法律素养，在工作中力行依法执教，坚守法律底线，维护师生权益，有所为而有所不为。

那么，教师该如何依法执教，防范工作中的法律风险呢？本书从案例入手，通过介绍现实中大量鲜活的师生纠纷司法案例，深入浅出地分析其中蕴含的法理，并总结出可供操作的对策和建议，以帮助教师甄别对错，明辨是非，提高依法执教的能力和水平。本书共分五章，包括学生基本权利保护、学生专项保护、日常事项管理、教育惩戒、学生安全管理，内容基本上涵盖了教师教育教学活动的各个方面，涉及面广，针对性强，相信广大教师一定能够从中受益。

百年大计，教育为本；教育大计，教师为本。学为人师，行为世范，国家和社会对教师寄予了很高的期待。愿广大教师不断提升自身的法律素养和依法执教水平，在点燃他人的过程中升华自我。

2023 年 5 月于北京

# 第1章
# 学生基本权利保护

学生享有宪法和法律所确认和保障的生命权、健康权、隐私权、名誉权、人格尊严权、人身自由权、肖像权、财产权、受教育权、休息权、平等权等权利。学校和教师应当落实对未成年学生的保护职责，尊重和保护学生的各项合法权益，避免实施侵权行为。

# 1. 动手你就输了，体罚的代价可真大

## ● 案例 1

2018 年 3 月 3 日下午，辽宁省沈阳市某小学一名六年级男生在上体育课时不遵守纪律，与同学讲话。体育教师李某将其从队列中拽出来，并用力推了他一把，导致该生的脑袋撞到教学楼墙壁上，造成大脑出血，经司法鉴定构成轻伤一级。事发后，家长报警。随后不久，教师李某因为构成故意伤害罪，被法院判处有期徒刑 1 年（缓刑 1 年）。

## ● 案例 2

据《南方日报》报道，黄某大学毕业后在广东省中山市某学校任教，2013 年 5 月 23 日 11 时许，黄某在七年级某班准备上课时，因擦黑板的事情与该班学生小明（化名）发生争执，遂拿起讲台上的一把塑料尺子追打小明。在追打过程中，被告人黄某将尺子掷向小明，尺子却意外掷中该班学生阿红的左眼。经法医鉴定，阿红左眼致盲，损伤程度属重伤。同年 5 月 26 日，黄某逃离中山市。8 月 5 日，公安人员在广东省佛山市某汽车站将被告人黄某抓获归案。

法院经审理认为，被告人黄某明知在人员密集的教室内向他人投掷尺

| 关键词 |
| --- |
| 体罚 |
| 击打 |
| 刺扎 |
| 身体痛苦 |
| 宣扬暴力 |
| 生命健康权 |
| 赔偿 |
| 处分 |
| 行政拘留 |
| 虐待被看护人罪 |
| 故意伤害罪 |

子会发生危害后果，而放任危害后果发生，属间接故意。被告人黄某无视国家法律，故意伤害他人身体，致一人重伤，其行为已构成故意伤害罪，应依法惩处。据此，法院判处黄某有期徒刑4年6个月。

在这两起案例中，两名教师推搡、击打学生的行为，属于什么性质呢？当然属于体罚。有人可能会说，就推了一下学生，朝学生扔了一下尺子，怎么就构成了体罚呢？这就涉及体罚的概念和内涵。我国现行的法律和政策文件并未对体罚做出直接、明确的界定。但是，教育部颁布的《中小学教育惩戒规则（试行）》第十二条规定："教师在教育教学管理、实施教育惩戒过程中，不得有下列行为：（一）以击打、刺扎等方式直接造成身体痛苦的体罚……"从这一条文的规定可以看出，所谓体罚，就是指教师通过对学生身体的责罚，直接造成其身体痛苦的行为。条文中还列举了两种最常见的体罚方式，一是击打，也就是用四肢或借助棍子、鞭子等物品进行击打；二是刺扎，也就是用针、剪刀等尖锐的物品进行刺扎。除此之外，推搡、拖拽等会直接造成身体痛苦的行为都属于体罚。

尽管体罚可能会在短时间内让学生的行为有所收敛，但总的来说，体罚有损人格尊严，会造成学生身体和心理上的伤害，甚至会导致其长大后出现行为问题。此外，体罚是在宣扬暴力，不仅教育效果有限，而且会破坏师生关系，不利于教育目的的实现。

由于体罚具有危害性，我国法律明令禁止教师体罚学生。按照现行的法律规定，对学生实施体罚，教师和学校可能要承担以下法律责任。

第一，民事责任。体罚如果给学生的身体造成伤害，使其需要看病就医，就侵犯了学生的生命健康权，学校依法应当承担民事赔偿责任，包括赔偿医疗费、护理费、交通费、营养费等各种损失。实践中，由体罚导致的学校赔偿，金额从几千元到上万元，乃至几十万、上百万元都有。学校在对受害学生进行赔偿之后，有权向教师个人进行追偿。

第二，行政责任，包括教育行政部门给予的处分、处理和公安机关给予的治安处罚。根据《中华人民共和国教师法》和《中小学教师违反职业道德行为处理办法》的规定，教师体罚学生的，应当由学校或者教育行政部门给予处分或者其他处理。实践中，教师体罚学生后，如果家长告到学校、教育行政部门，或者体罚事件被媒体曝光，那么学校、教育行政部门在调查核实后，一般会对教师给予警告、记过、降低岗位等级或撤职、开除等处分或其他处理。尤其是体罚被媒体曝光后，迫于外界压力，学校、教育局往往会选择从重处罚，将教师调离教学岗位，或者直接将其开除或解聘，乃至由上级教育行政部门撤销其教师资格。

如果学生的伤势比较明显，那么家长还有可能报警。根据《中华人民共和国治安管理处罚法》第四十三条的规定，殴打、伤害不满 14 周岁的人的，处以 10 日以上 15 日以下拘留，并处 500 元以上 1000 元以下罚款。例如，2012 年 10 月，山西省太原市某幼儿园的一名教师狂扇一名女童几十个耳光，被媒体曝光后，警方介入，随后该教师被处以行政拘留 15 天的处罚。

第三，刑事责任。体罚学生情节恶劣或者造成严重后果的，有可能构成虐待被看护人罪或者故意伤害罪。根据《中华人民共和国刑法》第二百六十条之一的规定，虐待被看护的未成年人，情节恶劣的，构成虐待被看护人罪，也就是我们平时所说的"虐童罪"。而根据《中华人民共和国刑法》第二百三十四条的规定，体罚造成学生轻伤、重伤或者死亡的，构成故意伤害罪，须承担相应的刑事责任。

可见，体罚不仅危害学生的身心健康，也会给教师自己带来不利的法律后果。切忌体罚学生，动手你就输了！

策略·建议

1. 教师在工作中要树立科学的学生观，尊重学生的人格尊严和独立个性，在人格上平等对待学生。

2. 面对犯错误的学生，教师应绝对避免采取体罚的教育方式，情绪冲动时可先远离学生，做到"无冷静，不教育"。

3. 对违纪的学生，教师可以按照《中小学教育惩戒规则（试行）》的规定实施教育惩戒。

相关规定

《中华人民共和国未成年人保护法》第二十七条："学校、幼儿园的教职员工应当尊重未成年人人格尊严，不得对未成年人实施体罚、变相体罚或者其他侮辱人格尊严的行为。"

《中华人民共和国教师法》第三十七条："教师有下列情形之一的，由所在学校、其他教育机构或者教育行政部门给予行政处分或者解聘……（二）体罚学生，经教育不改的……"

《中华人民共和国刑法》第二百三十四条："故意伤害他人身体的，处三年以下有期徒刑、拘役或者管制。犯前款罪，致人重伤的，处三年以上十年以下有期徒刑；致人死亡或者以特别残忍手段致人重伤造成严重残疾的，处十年以上有期徒刑、无期徒刑或者死刑。本法另有规定的，依照规定。"

《中华人民共和国刑法》第二百六十条之一："对未成年人、老年人、患病的人、残疾人等负有监护、看护职责的人虐待被监护、看护的人，情节恶劣的，处三年以下有期徒刑或者拘役。单位犯前款罪的，对单位判处罚金，并对其直接负责的主管人员和其他直接责任人员，依照前款的规定处罚。有第一款行为，同时构成其他犯罪的，依照处罚较重的规定定罪处罚。"

# 2. 什么是变相体罚

● 案例

2019 年 5 月，某中学学生欧某因为政治考试成绩没有达标，被政治教师罚做 300 个下蹲。随后欧某感觉身体不适，送到医院后，被诊断为急性肾小球肾炎、肾病综合征、横纹肌溶解症。经司法鉴定，欧某的横纹肌溶解症与下蹲存在因果关系。随后，欧某将学校告上法庭，要求校方赔偿医疗费、护理费等各项损失。

法院经审理认为，《中华人民共和国义务教育法》《中华人民共和国未成年人保护法》等相关法律明确规定，教师应当尊重学生的人格，不得体罚或变相体罚学生。该中学任课教师在教学过程中罚欧某做 300 个深蹲的行为具有违法性。虽然任课教师主观上没有伤害学生身体的故意，但尊重学生的人格，不体罚或变相体罚学生，应为每位教师执教的基本要求，因此其主观上存有过错。据此，法院判决学校赔偿欧某因伤所致各项损失共计 52431.96 元。

| 关键词 |
| --- |
| 变相体罚 |
| 超过正常限度的罚站 |
| 超过正常限度的反复抄写 |
| 强制做不适的动作或者姿势 |
| 刻意孤立 |

在这个案例中，教师罚学生做 300 个下蹲，这个行为到底属于什么性质？是合法的，还是非法的？当然是非法的，法院在判决中也认定它是一种非法行为。既然是非法的，那么它属于体罚还是变相体罚呢？肯定不

是体罚。因为体罚是指教师以击打、刺扎等方式让学生感到身体痛苦。而在这起案例中，教师并没有直接实施暴力，没有跟学生发生身体接触。那么，它是否属于变相体罚呢？这就涉及变相体罚的概念和含义。

在我国法律中，很早就出现了"变相体罚"这个词语，而且它一般是和体罚并列出现的。例如，《中华人民共和国义务教育法》第二十九条规定："教师……不得对学生实施体罚、变相体罚或者其他侮辱人格尊严的行为……"《中华人民共和国未成年人保护法》第二十七条规定："学校、幼儿园的教职员工……不得对未成年人实施体罚、变相体罚或者其他侮辱人格尊严的行为。"可见，变相体罚不同于体罚，它有自己的特征。

那么到底什么是变相体罚？《中小学教育惩戒规则（试行）》第十二条规定："教师在教育教学管理、实施教育惩戒过程中，不得有下列行为……（二）超过正常限度的罚站、反复抄写，强制做不适的动作或者姿势，以及刻意孤立等间接伤害身体、心理的变相体罚……"从这一条文的规定可以看出，变相体罚主要是通过让学生长时间、过度地做某种行为或者保持某种姿势，以使学生感到身心疲惫和痛苦，危害其身心健康的行为。如果说体罚是瞬间的、短暂的暴力的话，那么变相体罚就是慢慢地折磨学生，过度消耗其体力和意志，以逼迫其屈服和顺从。

哪些行为属于变相体罚？《中小学教育惩戒规则（试行）》罗列了变相体罚的四种常见表现方式。

第一种，超过正常限度的罚站。《中小学教育惩戒规则（试行）》允许教师对轻微违纪学生实施不超过一节课的教室内站立的惩戒。但是，如果罚站远远超过了一节课，例如，一名班主任惩罚犯错误的学生，让其在教室门口连站 3 天，就构成了变相体罚。

第二种，超过正常限度的反复抄写。按照《中小学教育惩戒规则（试行）》的规定，教师可以对违纪学生实施适当增加额外的教学任务（俗称"罚抄写"）的惩戒。但是，"罚抄写"如果超过了适当的限度，就有可能会转化成变相体罚。例如，一名数学教师因为学生回答不出一个数学公式，就惩罚学生把这个公式抄写 300 遍，这就属于变相体罚。

第三种，强制做不适的动作或者姿势。此类行为有很多。例如，在前述案例中，政治教师罚学生做 300 个下蹲。又如，有个学生犯了错误后又顶嘴，于是班主任罚全班同学下跪，绝大部分学生在木凳上跪了近 20 分钟。再如，有个教师惩罚上课说话的学生，让学生顶着课本站了一节课，要求课本不能掉下，否则就得多站一节课。像这类罚学生做不正常的、一般人都会感觉不适的动作或者姿势的行为，就属于变相体罚。

第四种，刻意孤立学生。此类行为与前面三类有所不同，它对学生的伤害主要表现在心理上、精神上。那么，刻意孤立有哪些表现呢？例如，教师罚学生单独坐在教室的角落；要求班上的学生孤立、远离某个学生；故意冷落、不理睬学生，对其正常需要不予回应；等等。

除了上述行为外，故意不让学生上厕所，中午不让学生吃饭等限制、剥夺学生正常的生理需求、生活需求的行为，也可能构成变相体罚。按照规定，教师对学生实施变相体罚，跟实施体罚一样，也应承担相应的法律责任。

## 策 略 · 建 议

1. 教师在教育教学、管理学生过程中，不得对学生实施超过正常限度的罚站、反复抄写，强制做不适的动作或者姿势，以及刻意孤立等间接伤害身体、心理的变相体罚行为。

2. 为了帮助学生改正错误，教师可以依法实施教育惩戒，但要注意把握好惩戒的时机、场合、方式和强度，防止过度惩戒而构成变相体罚。

## 相关规定

《中华人民共和国义务教育法》第二十九条："教师在教育教学中应当平等对待学生，关注学生的个性差异，因材施教，促进学生的充分发展。教师应当尊重学生的人格，不得歧视学生，不得对学生实施体罚、变相体罚或者其他侮辱人格尊严的行为，不得侵犯学生合法权益。"

《中华人民共和国未成年人保护法》第二十七条："学校、幼儿园的教职员工应当尊重未成年人人格尊严，不得对未成年人实施体罚、变相体罚或者其他侮辱人格尊严的行为。"

《中小学教育惩戒规则（试行）》第十二条："教师在教育教学管理、实施教育惩戒过程中，不得有下列行为……（二）超过正常限度的罚站、反复抄写，强制做不适的动作或者姿势，以及刻意孤立等间接伤害身体、心理的变相体罚……"

## 3. 是批评教育，还是侮辱人格尊严

● 案例

关键词

批评教育

人格尊严

教育惩戒

辱骂

歧视性、侮辱性
言行

行为侮辱

言语侮辱

2003 年 4 月 12 日，重庆市某中学初三学生丁婷（化名），按照学校的要求，本来应当上午 8 点到学校补课，结果没有按时到校。班主任汪某询问了丁婷迟到的原因后，用木板打了她，并当着其他同学的面对她说："你学习不好，长得也不漂亮，连坐台都没有资格。"丁婷一听这话，难过地哭了。上午 10 点半，丁婷回到教室，第三节课正好是汪某的语文课。整节课丁婷都趴在桌上小声哭泣，并且写下了遗书。在遗书中，丁婷表达了对班主任及家庭、社会的怨恨。对丁婷在课堂上的表现，汪某没有过问。下课后，汪某也未注意丁婷的去向。12 时 29 分左右，丁婷从学校教学楼八楼跳下，经抢救无效于当天 12 时 50 分死亡。

法院经审理认为，被告人汪某作为一名从教多年的教师，应当明知体罚学生和对学生使用侮辱性语言会使学生的人格尊严及名誉受到贬损，却仍实施该行为，足见其主观故意。客观方面，被告人汪某当着第三人的面，实施侮辱行为，具有法律所规定的公然性，且引发的后果严重，属"情节严重"。因此，被告人汪某的行为符合侮辱罪的主客观构成要件。纵观全案，除来自家庭和社会的各种压力外，被告人汪某的言行是引发丁

婷跳楼自杀的直接诱因。被告人汪某的行为不仅贬损了丁婷的人格尊严和名誉，而且产生了严重的后果，造成了恶劣的社会影响，具有一定的社会危害性，应当受到刑事制裁。据此，法院判决汪某犯侮辱罪，判处有期徒刑一年，缓刑一年。

在这个案例中，班主任对学生说"你……长得也不漂亮，连坐台都没有资格"，这属于正常的批评教育，还是侮辱人格尊严？在回答之前，我们得先了解"人格尊严"的含义。所谓人格尊严，是指公民作为一个"人"应享有的最起码的社会地位和受到社会与他人最起码的尊重的权利。它体现了一个"人"应有的最起码的社会地位和价值。法律保护每个公民的人格尊严权。《中华人民共和国宪法》第三十八条规定："中华人民共和国公民的人格尊严不受侵犯。禁止用任何方法对公民进行侮辱、诽谤和诬告陷害。"《中华人民共和国义务教育法》《中华人民共和国教师法》《中华人民共和国未成年人保护法》都明令禁止教职工侮辱学生人格尊严，并将其与体罚、变相体罚并列为教职工常见的三大违法行为。

那么，怎样判断教师的某种行为，是正常的批评教育，还是侮辱人格尊严？两者的界限在哪里？《中小学教育惩戒规则（试行）》第十二条规定："教师在教育教学管理、实施教育惩戒过程中，不得有下列行为……（三）辱骂或者以歧视性、侮辱性的言行侵犯学生人格尊严……"根据这一规定，凡是对学生实施辱骂或者歧视性、侮辱性的言行，都构成了对学生人格尊严的侵犯。

实践中，教师主要是通过以下两种方式侵犯学生的人格尊严的。

一是行为侮辱，即通过做出某种有损人格尊严的行为或动作，对学生进行侮辱。例如，一名教师因为怀疑学生偷东西，便在这个学生的脸上刻了个"贼"字，随后家长向公安机关报案。有律师表示，该教师的行为已构成故意伤害罪和侮辱罪，应当追究其刑事责任。又如，一名淘气的小学生在课堂上捣乱，教师一气之下，从厕所弄来一坨粪便逼迫其吞下。事件曝光后，司法机关随即介入，该教师构成侮辱罪，一审被法院判处三年有期徒刑。

还有些行为，可能没有前述案例那样极端，但同样可能构成对学生人格尊严的侵犯。例如，往学生身上泼洒粪便，逼学生舐干其吐在地上的唾沫，逼学生当众脱裤子，强行给学生剃光头等。此外，让全班同学投票选"差生"，号召全班学生揭露某个学生的劣迹或者对其召开"批判大会"，让学生站在主席台上当着全校同学的面对其进行批评或者让其当众检讨错误，也都涉嫌侵犯学生的人格尊严。

二是言语侮辱，也就是辱骂或者使用嘲笑、挖苦、歧视性的语言，贬低、侮辱学生的人格尊严。实践中，言语侮辱比行为侮辱更常见，它是一种语言暴力，对一个人的伤害有时甚至超过肉体上的打击，而且更加持久，更加深刻。那么，哪些言语可能构成对人格尊严的侮辱呢？归纳一下，教职工侮辱学生人格尊严的言语主要包括下面几类。第一类是嘲笑学生太笨，比如，对学生说"你真笨""没有脑子""朽木不可雕"等。第二类是贬低学生的人格和品德，比如，对学生说"你不是东西""你是个骗子、流氓""不要脸"等。第三类是挖苦学生没用、没出息，比如，对学生说"你真是个窝囊废""你早晚得进监狱""你一辈子就这样了"等。第四类是对学生表现出极度的厌恶和排斥态度，比如，对学生说"你真讨厌""可恶""你真烦""闭上你的臭嘴""瞧你就恶心"等。第五类是孤立和排挤学生，比如，对学生说"大家别理他""不许和他玩""你们说他坏吗"等。第六类是嘲笑、歧视学生的家庭出身、经济状况或者来自区域，比如，对学生说"你爸妈能跟人家比吗""你们某某地人（某某族人）素质真差"等。

上述行为侮辱、言语侮辱，在法律上都构成了对学生人格尊严的侵犯，一旦造成学生想不开而自杀、自残、患上严重精神疾病等不良后果，学校和教师就须承担相应的法律责任。

1. 教师在对学生进行批评教育的时候，一定要把握好分寸，要尊重学生的人格尊严，特别是要防范在情绪失控的情况下口不择言、行为失控。

2. 要做到不侵犯学生的人格尊严，一是不对学生实施行为侮辱，二是避免对学生进行言语侮辱，包括辱骂或者使用嘲笑、挖苦、歧视性的语言，贬低、侮辱学生的人格尊严。

3. 在对学生进行批评教育之后，教师要继续跟进，注意观察学生的反应，如发现学生情绪出现异常、行为显露不好的苗头，务必做好安抚工作，防止意外事故的发生。

相关规定

　　《中华人民共和国宪法》第三十八条："中华人民共和国公民的人格尊严不受侵犯。禁止用任何方法对公民进行侮辱、诽谤和诬告陷害。"

　　《中华人民共和国民法典》第一百零九条："自然人的人身自由、人格尊严受法律保护。"

　　《中华人民共和国义务教育法》第二十九条："……教师应当尊重学生的人格，不得歧视学生，不得对学生实施体罚、变相体罚或者其他侮辱人格尊严的行为，不得侵犯学生合法权益。"

　　《中华人民共和国未成年人保护法》第二十七条："学校、幼儿园的教职员工应当尊重未成年人人格尊严，不得对未成年人实施体罚、变相体罚或者其他侮辱人格尊严的行为。"

《中小学教育惩戒规则（试行）》第十二条："教师在教育教学管理、实施教育惩戒过程中，不得有下列行为……（三）辱骂或者以歧视性、侮辱性的言行侵犯学生人格尊严……"

# 4. 要像爱护自己的眼睛一样爱护学生的名誉

● 案例

关键词

名誉
名誉权
侮辱
诽谤
评论学生
批判大会
侵权行为

一日傍晚，某乡村中学初一学生小飞发现自己身上仅有的 10 元钱不见了，那可是他的伙食费！他急忙告诉了班长和其他同学。小飞家境贫困，还是一名孤儿，同学们都很同情他的遭遇。上晚自习的时候，班长在教室里仔细查找。当问到小满和小鹏的时候，细心的班长发现他们的脸红了。于是，班长便对他们进行了详细的盘问。这一举动引起了全班同学的关注。下了晚自习后，班长向班主任朱老师汇报了检查的情况，并提议通过全班同学无记名投票的方式选出"小偷"。

第二天早自习课时，朱老师宣布："为了帮助小飞找到丢失的钱，请大家投票选贼。"几分钟后，朱老师郑重宣布了投票的结果："贼人"是小满和小鹏。接着，朱老师便让二人到讲台前交代问题。小鹏当时难过地哭了。"凭什么说我是贼？"小满气愤地与朱老师争论起来。朱老师指着手中的选票说："这就是证据！"随后，朱老师将小鹏和小满带到副校长李某的办公室。听完朱老师的介绍，李某对小鹏和小满说："你们都说没有拿小飞的钱，朱老师冤枉了你们，那你们没拿钱的证据是什么？"问来问去，一直没有结果。李某便吩咐朱老师继续查找。直到几天后，学校才意识到班主任朱老师和副校长李某的做法不妥，于是便向小鹏、小满以及他们的监护人道歉。

不久，当地教育局对此事做出了处理：对在"选贼"事件中负有直接责任的班主任朱某给予行政记过处分，对负有管理责任的副校长李某给予严重警告处分，对负有领导责任的校长也给予警告处分，同时将此事的处理结果通报本县教育系统。

名誉是指社会对公民个人的品德、声望、才能、信用或者法人的信誉、形象等各方面形成的综合评价。名誉强调的是社会对个人或者法人的评价，并不是指个人、法人的自我评定。名誉权，是指公民和法人对其应有的社会评价所享有的不受他人侵害的权利，包括名誉保有权和名誉维护权。任何公民都享有保持并维护自己名誉的权利。个人的名誉受到侵害，意味着社会对个人的评价降低，个人形象遭受破坏，由此给个人的生活、工作、学习带来不利影响。鉴于此，我国法律明确规定，公民、法人享有名誉权，禁止用侮辱、诽谤等方式损害公民、法人的名誉。公民、法人的名誉权受到侵害的，有权要求停止侵害，消除影响，恢复名誉，赔礼道歉，并可以要求赔偿损失。常见的侵犯名誉权的违法行为主要包括侮辱行为、诽谤行为、新闻报道严重失实、评论严重不当等。

未成年学生在成长过程中，周围的老师、同学、亲属、邻居及其他人员对其人品、才能等会有客观的评价，这一客观评价构成了其名誉的内涵，也是其正常学习、生活的外部舆论环境。一旦名誉受到损害，未成年学生学习、生活的外部舆论环境就会恶化，他就会被他人轻视甚至孤立，从而造成心理压力和精神痛苦，影响其健康成长。个别心理脆弱的学生，有可能会以自杀、自残等极端的方式进行反抗，从而酿成严重后果。实践中，教师侵犯学生名誉权的行为时有发生，其主要表现有：让学生投票选"差生"，公开怀疑学生偷窃，在教室等公开场合用侮辱性、诋毁性的言辞评论学生，公布某个学生不为其他同学所知的不良经历，号召全班学生揭露某个学生的劣迹或对其召开"批判大会"等。

在前述"选贼"事件中，班主任朱老师和副校长李某在公开场合无端怀疑小鹏和小满偷窃，还让其"自证清白"，这是典型的"有罪推定"，与现代法治精神格格不入。这些行为损害了学生的名誉，是不折不扣的侵权行为。事实告诉我们，在教育教学活动中，学生是教师教育、管理的对象，但首先是有血有肉，人格独立，希望被认可、被接纳、被尊重的个体。对犯错误的学生，教师如果寄希望于通过痛揭其短处、痛批其人品的方式来实现教育目的，那么最终不但达不到目的，还将触犯法律，构成对学生名誉权等合法权益的侵犯，须承担相应的法律责任。

名誉是个人处世的名片，教师要像爱护自己的眼睛一样爱护学生的名誉。

## 策略·建议

1. 在教育教学过程中，尤其是在批评教育学生的时候，教师应当特别注意自己的言行，不要使用带有侮辱性、诋毁性的言辞，不要捏造、散布损害学生名誉的虚构事实，尽量就事论事，避免上纲上线，当众否定学生的人格、品德。

2. 班里如果发生了严重违纪或违法事件，教师不要无端猜疑学生，更不要充当警察去审问甚至搜查学生，而要通过教育感化或其他合法的方式让学生认识错误，改正错误。

3. 对个别学生的批评应当尽量不当着众人的面进行，特别是"游街批斗式""现眼式"批评更应该杜绝。

4. 对未成年学生的处分通知尽量不要张榜公布。

## 相关规定

《中华人民共和国民法典》第一千零二十四条："民事主体享有名誉权。任何组织或者个人不得以侮辱、诽谤等方式侵害他人的名誉权。名誉是对民事主体的品德、声望、才能、信用等的社会评价。"

《中华人民共和国民法典》第一千零二十五条："行为人为公共利益实施新闻报道、舆论监督等行为，影响他人名誉的，不承担民事责任，但是有下列情形之一的除外：（一）捏造、歪曲事实；（二）对他人提供的严重失实内容未尽到合理核实义务；（三）使用侮辱性言辞等贬损他人名誉。"

# 5. 怎样避免侵犯学生的隐私权

## ● 案例 1

2018 年 5 月，某小学一名语文任课教师将学生默写古诗的成绩和照片发到家长微信群里，结果引起部分家长不满，认为此举侵犯了孩子的个人隐私。其中有一名家长更是不依不饶，要求这名教师登门道歉，否则就告到县教育体育局，让其处罚这名教师。对此，这名教师感到心寒，给领导写了辞职信。后来在当地教育部门的调解下，风波才得到平息。

**关键词**

隐私

私密空间

私密活动

私密信息

隐私权

学生个人信息

学习成绩及排名公布

## ● 案例 2

某小学四年级学生小强，在父母离婚后，变得沉默寡言、情绪低落，学习成绩也受到了影响。为了帮助小强振作起来，班主任召集班干部开会，让他们平时多关心小强，并说出了小强父母离婚的事。虽然班干部们更加关心小强了，但小强却变得更加沉默、孤僻了，还出现了自闭、抑郁等倾向，因为班干部们将小强父母离婚的事传播出去，全班同学都知道了。随后，家长带小强去看心理医生，确认小强患上轻度抑郁症，而这与班主任将其父母离婚一事告诉班干部们有很大关系。于是，家长决定起诉班主任和学校，要求其承担法律责任。

隐私是指自然人的私人生活安宁和不愿为他人知晓的私密空间、私密活动、私密信息。通俗地讲，隐私就是指个人生活中不愿意被他人知道的秘密，它包括个人私密空间、私密活动、私密信息三个方面。隐私具有两个特点。第一，它与社会公共生活、与他人无关，对社会、对他人没有危害。第二，对个人隐私，本人主观上不希望被别人知道或者被干扰，因为被暴露或者被干扰之后，可能会让个人觉得难堪，给个人带来心理压力和精神负担，甚至会令个人失去生活的信心和勇气。

法律保护个人的隐私权，《中华人民共和国民法典》规定，自然人享有隐私权，任何组织或者个人不得以刺探、侵扰、泄露、公开等方式侵害他人的隐私权。按照规定，侵犯他人隐私权的，应承担停止侵害、赔礼道歉、赔偿损失（包括物质损失和精神损失）等民事责任；情节恶劣、造成严重后果的（比如造成受害者自杀、自残的），侵权人还有可能被追究刑事责任。

近年来，学校及教师因侵犯学生的隐私权而被学生告上法庭的事件时有发生。为什么学生的隐私权会屡遭侵犯呢？原因可能有两个。一是与一些教师法律意识薄弱，不了解隐私权的相关法律规定，不知道侵犯他人隐私权的严重后果有关。二是与教师的一些错误的教育管理观念有关。一些学校和教师在管理学生的过程中，很少有保护学生合法权益的意识，他们在强调目的正当性与出发点良好的同时，忽略了手段、方式的合法性与正当性。须知，现代法治社会强调程序的正当性，认为没有程序的正当性作为保障，就无法真正实现保护实体权利的目的，在为了实现目的而忽略程序正当性甚至不择手段的情况下，每个人都有被诬陷和非法迫害的可能。

不妨来看看，作为一名教师，你是否有过下列行为：在班里让学生帮忙发放记录有学生考试成绩的试卷；在班里宣读学生的考试成绩或成绩排名；未征得学生本人同意，翻看其日记；在办公室与其他教师一起议论学生的家庭收入情况；公开谈论或公布学生的先天性心脏病、乙肝等特异体质和疾病信息……这些行为都可能侵犯学生的隐私权。然而，一些教师对此缺乏清醒的认识，往往在无意中实施了侵权行为。

为了避免侵权，教师在日常工作中应当高度重视学生的隐私权保护问题，特别需要注意以下几点。

其一，对在工作中掌握的一些可能涉及隐私的学生个人信息，要予以保密，不要泄露，不要公开谈论。此类信息包括：学生的心理健康档案；过去的不良经历；收养关系；过去遭受性侵害的经历；家庭住址和电话号码；个人身份证号码；个人的邮箱用户名、密码等个人电子数据；不为人所知的生理缺陷；先天性心脏病、乙肝等特异体质和疾病信息；父母的职业、收入、离婚再婚等婚姻状况，以及违法犯罪记录等。这些信息一旦曝光，有可能会使当事学生遭到别人的嘲笑、歧视、孤立或者其他伤害，甚至会酿成更为严重的后果。因此，教师要特别注意保护学生的这些个人信息。

其二，不要非法侵扰学生的私密空间。例如，不要擅自搜查学生的书包、衣服口袋；不要私自查阅学生的私人信件、电子邮件；未经学生本人同意，不得翻看其日记等。

其三，不要公开学生的学习成绩及排名。学习成绩属于个人隐私。学生的成绩，本人及家长知道即可，教师不要在班里公开宣读，或者在微信群等载体上公布。也不要公开成绩排名情况。如果学生或其监护人提出要求，学校、教师可采取个别通知的方式告知学生个人的名次，但不能泄露其他学生的排名情况。

## 策略·建议

1. 教师在日常工作中应当尊重、保护学生的个人隐私。
2. 教师对在工作中掌握的一些可能涉及隐私的学生个人信息，要予以保密，不要泄露或公开谈论；不要非法侵扰学生的私密空间；不要公开学生的学习成绩及排名。

## 相关规定

《中华人民共和国民法典》第一千零三十二条："自然人享有隐私权。任何组织或者个人不得以刺探、侵扰、泄露、公开等方式侵害他人的隐私权。隐私是自然人的私人生活安宁和不愿为他人知晓的私密空间、私密活动、私密信息。"

《中华人民共和国民法典》第一千零三十三条："除法律另有规定或者权利人明确同意外,任何组织或者个人不得实施下列行为:(一)以电话、短信、即时通讯工具、电子邮件、传单等方式侵扰他人的私人生活安宁;(二)进入、拍摄、窥视他人的住宅、宾馆房间等私密空间;(三)拍摄、窥视、窃听、公开他人的私密活动;(四)拍摄、窥视他人身体的私密部位;(五)处理他人的私密信息;(六)以其他方式侵害他人的隐私权。"

《中华人民共和国未成年人保护法》第四条："保护未成年人,应当坚持最有利于未成年人的原则。处理涉及未成年人事项,应当符合下列要求……(三)保护未成年人隐私权和个人信息……"

《未成年人学校保护规定》第十条："学校采集学生个人信息,应当告知学生及其家长,并对所获得的学生及其家庭信息负有管理、保密义务,不得毁弃以及非法删除、泄露、公开、买卖。学校在奖励、资助、申请贫困救助等工作中,不得泄露学生个人及其家庭隐私;学生的考试成绩、名次等学业信息,学校应当便利学生本人和家长知晓,但不得公开,不得宣传升学情况;除因法定事由,不得查阅学生的信件、日记、电子邮件或者其他网络通讯内容。"

## 6. 采集学生家庭信息，要避免违规、过度

### ● 案例1

某小学调查统计学生的家庭情况，在统计表中将学生分为11类，包括"领导子女""企业老板子女""家长有犯罪前科的学生""谈恋爱的学生"等。消息曝光后，学校的这一做法受到不少网友的批评。学校相关工作人员在接受采访时回应称，已停止调查学生家庭情况，部分班主任未正确领会会议精神，理解有偏差，做法欠妥，已对他们进行批评和警告处分。当地教育局则表示，立即责成该小学提高站位，纠正错误做法，做好与家长的沟通解释工作，并启动对相关责任人的追责问责。

| 关键词 |
| --- |
| 个人信息 |
| 家庭情况 |
| 个人隐私 |
| 采集信息 |
| 过度采集 |
| 履行教育职责 |
| 个人信息的安全 |
| 妥善保管 |
| 侵犯公民个人信息罪 |

### ● 案例2

据"北京时间"报道，某幼儿园一名女教师布置家庭作业，要求家长给孩子拍一张以"我家的车"为主题的照片用于装饰班级主题墙。教师要求孩子站在自己家的车旁拍照，合照中的车必须是家中的真车。此举遭家长质疑侵犯隐私，且易引发幼儿攀比。随后，当地教育局回应媒体称，该局获悉情况后已立即叫停，幼儿园和教师都已向家长致歉。

学校、教师出于履行教育职责的需要，有时会采集有关学生个人及其家庭的信息，其中某些信息可能比较敏感，涉及个人隐私。如果采集范围不当，或者采集后对信息的使用、管理不当，可能会招致家长反感，乃至给学生及其家庭带来负面影响或者造成经济损失，从而引发家校矛盾和纠纷。

那么学校、教师在采集学生个人及其家庭信息的过程中，要注意哪些问题，应遵守哪些规定呢？根据《中华人民共和国个人信息保护法》《未成年人学校保护规定》等相关法规的规定，要特别注意以下问题。

## 一、采集信息应当具有正当、合理的目的，不得过度采集学生个人及其家庭信息

按照《中华人民共和国个人信息保护法》的规定，处理个人信息应当具有明确、合理的目的，并应当与处理目的直接相关，采取对个人权益影响最小的方式；收集个人信息，应当限于实现处理目的的最小范围，不得过度收集个人信息。

学校、教师采集、处理学生个人及其家庭信息，只能是出于履行教育职责的目的，而不能出于其他需要。而且，在采集、处理过程中，应当遵循合法、正当、必要和诚信原则。也就是说，所采集的信息范围，必须是法律许可的、正当的，是履行教育职责不可或缺的；在处理信息过程中，应当讲原则，守信用，不得将所收集的信息用于承诺之外的其他目的。

实践中，一些学校、教师为了加强家校联系，有针对性地对一些有困难的学生实施帮扶和教育，适当地收集、统计一些学生的家庭信息，包括家长的工作单位、联系方式、居住地址等。这并非不可以。但是，若是所采集的学生个人及其家庭信息超出履行教育职责的范围，比如统计学生是否为领导子女，是否为老板子女，父母平时出行开的是什么品牌的私家车等，这显然并非学校履行教育职责所必需，构成了法律上的"过度收集个

人信息"。这样做很难不让人怀疑，学校是否在通过了解家长背景，让具有特殊资源的家长为学校谋取某种"便利"，或者对学生实施区别对待。可见，过度收集学生家庭信息，既有可能侵犯学生及其家长的个人信息和隐私权，也可能导致学校和教师在实践中违背教育公平的原则，不能平等地对待每一个学生。

## 二、对所采集的学生个人及其家庭信息，应当予以保密并妥善管理

《中华人民共和国个人信息保护法》规定，个人信息处理者应当对其个人信息处理活动负责，并采取必要措施保障所处理的个人信息的安全。学校收集的一些学生家庭信息，包括居住地址、家长的联系电话和身份证号等，属于家长的个人隐私，一旦泄露，有可能会给学生家庭造成损害。因此，学校作为信息收集者、处理者，有义务对收集的信息予以妥善保管。《未成年人学校保护规定》第十条也规定，学校采集学生个人信息，应当告知学生及其家长，并对所获得的学生及其家庭信息负有管理、保密义务，不得毁弃以及非法删除、泄露、公开、买卖。学校违反相关法律规定，导致所收集的学生个人及其家庭信息被泄露，或者被非法公开、买卖，或者被非法提供给第三方的，须承担相应的法律责任。

特别需要强调的是，按照《中华人民共和国刑法》第二百五十三条之一的规定，违反国家有关规定，向他人出售或者提供公民个人信息，情节严重的，处三年以下有期徒刑或者拘役，并处或者单处罚金；情节特别严重的，处三年以上七年以下有期徒刑，并处罚金。违反国家有关规定，将在履行职责或者提供服务过程中获得的公民个人信息，出售或者提供给他人的，依照前款的规定从重处罚。根据这一规定，教职工违反国家规定向他人出售或提供学生及其家庭成员个人信息的，可能构成侵犯公民个人信息罪，从而须承担相应的刑事责任。

1. 学校、教师采集、统计学生个人及其家庭信息，应当是出于履行教育职责的需要，而且不得过度采集，不得收集与履行正常教育职责无关的学生个人及其家庭信息。
2. 对所采集的学生个人及其家庭信息，学校、教师应当予以保密和妥善保管，不得毁弃以及非法删除、泄露、公开、买卖。

**相关规定**

《中华人民共和国个人信息保护法》第二条："自然人的个人信息受法律保护，任何组织、个人不得侵害自然人的个人信息权益。"

《中华人民共和国个人信息保护法》第五条："处理个人信息应当遵循合法、正当、必要和诚信原则，不得通过误导、欺诈、胁迫等方式处理个人信息。"

《中华人民共和国个人信息保护法》第六条："处理个人信息应当具有明确、合理的目的，并应当与处理目的直接相关，采取对个人权益影响最小的方式。收集个人信息，应当限于实现处理目的的最小范围，不得过度收集个人信息。"

《中华人民共和国个人信息保护法》第三十一条："个人信息处理者处理不满十四周岁未成年人个人信息的，应当取得未成年人的父母或者其他监护人的同意。个人信息处理者处理不满十四周岁未成年人个人信息的，应当制定专门的个人信息处理规则。"

《中华人民共和国未成年人保护法》第四条："保护未成年人，应当坚持最有利于未成年人的原则。处理涉及未成年人事项，应当符合下列要求……（三）保护未成年人隐私权和个人信息……"

《未成年人学校保护规定》第十条："学校采集学生个人信息，应当告知学生及其家长，并对所获得的学生及其家庭信息负有管理、保密义务，不得毁弃以及非法删除、泄露、公开、买卖……"

《未成年人学校保护规定》第三十八条："学校应当加强对教职工的管理，预防和制止教职工实施法律、法规、规章以及师德规范禁止的行为。学校及教职工不得实施下列行为……（五）非法提供、泄露学生信息或者利用所掌握的学生信息牟取利益……"

# 7. 把学生锁在教室里写作业，小心构成非法拘禁

● 案例

张某自 1994 年开始在某乡村小学代课，先教学前班，1999 年秋季开始担任一年级的班主任。1999 年 10 月 23 日上午，张某在检查学生作业时，发现学生小斌未完成作业。当天中午放学后，张某便让小斌留在教室里补写作业。其间，为防止小斌擅自离开，张某将教室的门反锁，并将钥匙交给本班值日学生小闯。随后张某即自行回家休息。一个多小时后，该校一名学生发现小斌将书包带系在教室南侧中间的钢筋护窗上，自缢身亡。小斌的父亲闻讯赶到现场，与该校校长一起将教室门锁撬开，两人抱起小斌飞速赶往医院，但抢救未果。当晚 6 时许，县公安局对小斌的尸体进行了检验，鉴定结论为：小斌系缢颈窒息死亡。警方随即拘留了张某。1999 年 10 月 25 日，在当地司法所的主持下，小斌的父亲与学校达成协议，由校方一次性赔偿小斌的父母经济损失 8 万元。不久后，当地法院对教师张某涉嫌犯罪一案进行了公开审理，法庭认定张某的行为构成了非法拘禁罪，判处其有期徒刑十年。

| 关键词 |
| --- |
| 人身自由 |
| 非法拘禁 |
| 非法拘禁罪 |
| 办公室 |
| 教室 |
| 小黑屋 |
| 人身约束措施 |

拘禁，是指把人扣留后控制起来，使得对方失去人身自由。一般是指

把人控制在一个特定的场所，再锁上门；或者将其捆绑在某个物体上，使其无法脱身；或者虽然没有锁门或者捆绑，但是在旁边以暴力相威胁阻止对方离开；或者以其他方法剥夺对方的人身自由。

人身自由是人们一切行动和生活的前提条件，是公民的一项基本权利，受到法律保护。根据《中华人民共和国宪法》第三十七条的规定，公民的人身自由不受侵犯，禁止非法拘禁和以其他方法非法剥夺或者限制公民的人身自由。对个人而言，除了因其涉嫌犯罪，才能由公、检、法机关依法予以剥夺人身自由之外，其他任何个人、组织均不得以拘押、禁闭或者其他强制方法非法剥夺他人人身自由，否则即构成非法拘禁。实践中，常见的非法拘禁行为包括：为讨要债务而关押欠债者，出于报复、惩罚的目的而关押他人，出于其他目的而禁闭他人，等等。

侵犯他人人身自由的，轻者构成民事侵权，应承担停止侵害、恢复名誉、消除影响、赔礼道歉、赔偿精神损害抚慰金等民事责任；重者构成非法拘禁罪，应承担相应的刑事责任。

教师在履行职务过程中，对涉及学生人身自由的管教措施应当保持高度的警惕。例如，将没有完成作业的学生单独锁在办公室或教室里补写作业，或将违反纪律的学生长时间关在办公室、储物间、"小黑屋"里面壁思过，或以其他方式长时间限制学生的人身自由，都涉嫌非法拘禁学生，是一种性质较为严重的违法行为。一旦造成不良后果，比如学生自杀、自残或因外力作用而死亡、伤残、诱发精神疾病，当事教师有可能因为触犯非法拘禁罪而被追究刑事责任。

但是，如果当事学生的行为对他人或者自身的人身安全构成威胁，例如手持管制刀具正在伤害或威胁伤害他人，或者正在实施自杀、自伤行为，那么此时，学校、教职工可以对其采取必要、适当的人身约束措施，以维护公共安全、他人或者学生自身的人身安全。在学生的行为不再威胁他人或自身安全后，应当及时解除对他的约束措施。这种情况下，学校、教职工所采取的行为不构成非法拘禁。

1. 学校和教师应当尊重和保护学生的人身自由权，不应设置侵犯学生人身自由的管理措施。

2. 教师平时在管教学生过程中，不要将学生单独锁在办公室或教室里，或将违反纪律的学生长时间关在办公室、宿舍等封闭的场所，以免构成非法拘禁，侵犯学生的合法权益。

3. 当学生的行为对他人或者自身的人身安全构成威胁时，学校、教师可以对其采取必要、适当的人身约束措施。

相关规定

《中华人民共和国宪法》第三十七条："中华人民共和国公民的人身自由不受侵犯。任何公民，非经人民检察院批准或者决定或者人民法院决定，并由公安机关执行，不受逮捕。禁止非法拘禁和以其他方法非法剥夺或者限制公民的人身自由，禁止非法搜查公民的身体。"

《中华人民共和国民法典》第一百零九条："自然人的人身自由、人格尊严受法律保护。"

《中华人民共和国刑法》第二百三十八条："非法拘禁他人或者以其他方法非法剥夺他人人身自由的，处三年以下有期徒刑、拘役、管制或者剥夺政治权利。具有殴打、侮辱情节的，从重处罚。犯前款罪，致人重伤的，处三年以上十年以下有期徒刑；致人死亡的，处十年以上有期徒刑。使用暴力致人伤残、死亡的，依照本法第二百三十四条、第二百三十二条的规定定罪处罚。为索取债务非法扣押、拘禁他人的，依照前两款的规定处罚。国家机关工作人员利用职权犯前三款罪的，依照前三款的规定从重处罚。"

《未成年人学校保护规定》第八条："学校不得设置侵犯学生人身自由的管理措施，不得对学生在课间及其他非教学时间的正当交流、游戏、出教室活动等言行自由设置不必要的约束。"

## 8. 怀疑学生偷东西，为什么不能对其搜身检查

● 案例

一天下午，某学校女生小蔚告诉班主任吴老师，她书包里放着的 100 元钱不见了。吴老师随即问班里的学生谁拿了小蔚的钱，但没有人承认。于是吴老师决定搜学生的书包。全班共有四个组，吴老师从每组选出一男一女两名学生，男生负责搜男生，女生负责搜女生。随后，所有学生的书包都被搜了个底朝天。一时间教室里响声四起，一些同学看着自己心爱的文具盒、书包带被弄坏，伤心地哭

| 关键词 |
| --- |
| 偷窃 |
| 搜身检查 |
| 非法搜查 |
| 搜查权 |
| 非法搜查罪 |
| 身体权 |

了起来。搜了大半节课，没有结果。接下来，四名座位紧挨着小蔚的学生被单独叫出来，由班长负责搜身。第一名学生被叫到教室的卫生角，脱了鞋让班长检查，结果引起全班同学哄笑。接着，这名同学离开教室来到走廊拐角处，脱去上身的校服、毛衣，按班长的要求将毛裤褪下一半接受检查。随后其他三名学生陆续被叫出来进行搜身。其间，因气氛过于紧张，教室里有几名学生被吓哭了。这一事件发生之后，一些学生的精神受到很大刺激，个别家长还向媒体进行了投诉。

在一个社会里，如果人们因为怀疑他人偷窃就可随意搜查他人身体，那么这将是一个安全感缺失、人人自危的社会，每个人都可能因为成为他

人眼中的嫌疑犯而被搜身检查，肆意羞辱。非法搜查他人身体，侵害了他人的身体权、人格尊严权、隐私权等合法权益，危害极其严重。按照我国现行法律的规定，除因追查刑事犯罪的需要，并由公安机关、检察机关、国家安全机关工作人员依法行使搜查权之外，其他任何单位、组织、个人都无权搜查他人的身体和住宅。有搜查权的机关及其工作人员在进行搜查时，应当遵守有关程序规定，例如向被搜查人出示搜查证，搜查妇女的身体应当由女性工作人员进行等。

按照法律规定，非法搜查他人身体的，有可能面临以下三个方面的法律责任。

一是刑事责任。根据《中华人民共和国刑法》第二百四十五条的规定，非法搜查他人身体的，构成非法搜查罪，处三年以下有期徒刑或者拘役。

二是行政责任。根据《中华人民共和国治安管理处罚法》第四十条的规定，非法搜查他人身体的，处十日以上十五日以下拘留，并处五百元以上一千元以下罚款；情节较轻的，处五日以上十日以下拘留，并处二百元以上五百元以下罚款。实践中，对情节轻微、尚不够刑事立案标准的非法搜查行为，一般按本条款进行处理。

三是民事责任。根据《中华人民共和国民法典》的规定，非法搜查他人身体的行为，侵犯了他人的身体权，受害者可要求侵权人承担赔礼道歉、消除影响、赔偿精神损害抚慰金等民事责任。

在一些学校，发生了学生或教师丢失财物的现象之后，个别法治观念淡薄的教师，在急于"破案"的心理支配下，往往会利用自己作为教育者、管理者的强势地位，随意对学生进行搜身检查。殊不知，教师并无搜查权，无论是教师自己动手去搜查，还是指使学生互相搜查，抑或是让遭受怀疑的学生自己搜查自己以便自证清白，都是严重违法的，须承担相应的法律责任。况且，此类做法也不符合教育规律，遑论其对无辜者造成了人格侮辱和心理伤害（想想我们自己在公共场合被人怀疑偷窃而遭无端搜身检查时的感受）。即便对那些犯错误的孩子而言，以这样的方式被"抓个现行"，也不见得有利于其认识错误，改正错误。相反，多半只会令其对教师心生仇恨，甚至产生破罐子破摔的念头，从而滑向万劫不复的深渊。

## 策略·建议

1. 教师平时应当对学生加强防盗教育，提醒学生注意保护好个人物品，不要携带贵重物品进校园，重要物品可委托教师代为保管。
2. 学校要建立健全校园各项安全制度，不给偷盗者以可乘之机。
3. 一旦班级发生失窃事件，教师千万不要自己充当"警察"去行使搜查权。如果怀疑偷盗者是学生，教师可以通过说服、感化教育的方式，引导学生主动承认错误、改正错误，同时做好保密工作，保护学生的自尊。
4. 对金额较大的盗窃案件，学校应当及时报警，由公安机关介入调查。

## 相关规定

　　《中华人民共和国宪法》第三十七条："……禁止非法搜查公民的身体。"

　　《中华人民共和国刑法》第二百四十五条："非法搜查他人身体、住宅，或者非法侵入他人住宅的，处三年以下有期徒刑或者拘役。司法工作人员滥用职权，犯前款罪的，从重处罚。"

《中华人民共和国治安管理处罚法》第四十条："有下列行为之一的，处十日以上十五日以下拘留，并处五百元以上一千元以下罚款；情节较轻的，处五日以上十日以下拘留，并处二百元以上五百元以下罚款……（三）非法限制他人人身自由、非法侵入他人住宅或者非法搜查他人身体的。"

《中华人民共和国民法典》第一千零三条："自然人享有身体权。自然人的身体完整和行动自由受法律保护。任何组织或者个人不得侵害他人的身体权。"

《中华人民共和国民法典》第一千零一十一条："以非法拘禁等方式剥夺、限制他人的行动自由，或者非法搜查他人身体的，受害人有权依法请求行为人承担民事责任。"

# 9. 将学生的照片用于招生宣传，当心侵犯学生的肖像权

## ● 案例

据《成都晚报》报道，因照片被学校用于招生宣传，学生向某将自己的母校告上了法庭。原告向某的父亲称，2003 年 6 月，他在当地一家报纸的广告招生专版上发现了儿子向某的名字和头像。2004 年 5 月，他又得知儿子的名字和头像在学校的网站上出现，多次与学校交涉无果。向某的父亲认为学校未经学生本人和家长同意就擅自用他儿子的形象做宣传，侵犯了他儿子的肖像权，要求学校立即停止侵权行为并赔偿 2 万元的精神损失费。被告学校的代理人则认为，学校确实是从档案材料中翻拍制作了向某的头像用于宣传，但这些宣传都是积极向上、健康有益的。更重要的是，向某考上北京大学，既是个人的荣耀，也是学校的成绩和荣誉，展示学校的荣誉是理所当然的，并不是商业行为，也不是以营利为目的，没有对学生造成伤害，没有侵权。

法院审理后认为，不管是否以营利为目的，学校未经学生向某的同意就擅自使用、制作其头像用于宣传，不属于正当使用范畴，而是一种侵犯肖像权的行为。据此，法院判决学校立即停止对向某的侵权行为，并在判决生效后两日内向向某递交书面致歉信，同时向向某支付精神损害抚慰金 3000 元。

| 关键词 |
| --- |
| 肖像 |
| 肖像权 |
| 肖像制作专有权 |
| 肖像使用专有权 |
| 肖像公开专有权 |
| 民事责任 |
| 合理使用 |

近年来，学校未经学生本人或其监护人同意，擅自在招生简章、招生广告中使用学生的肖像，或者擅自将学生的照片制作成挂历并出售的现象时有发生，由此也引发了不少纠纷。学校能否使用学生的肖像？如果可以的话，怎样使用才是合法的？这些问题让不少学校管理者和教师感到困惑。

所谓肖像，是指通过影像、雕塑、绘画等方式在一定载体上所反映的特定自然人可以被识别的外部形象。《中华人民共和国民法典》规定，自然人享有肖像权，有权依法制作、使用、公开或者许可他人使用自己的肖像。肖像权的内容包括肖像制作专有权、肖像使用专有权、肖像公开专有权和肖像许可他人使用权。具体而言，自然人对自己的肖像享有以下法律权利：一是有权自己制作或委托他人制作本人的肖像；二是有权以合法的方式自己使用本人的肖像；三是有权以合法的方式公开本人的肖像；四是有权许可他人有偿或无偿地使用本人的肖像。

自然人的肖像权受到他人侵害的，有权要求侵权者承担停止侵害、赔礼道歉、消除影响、赔偿损失等民事责任。实践中，侵害肖像权主要表现为以下几种行为：一是以丑化、污损或者利用信息技术手段伪造等方式侵害他人的肖像权；二是未经肖像权人同意，制作、使用、公开肖像权人的肖像（法律另有规定的除外）；三是未经肖像权人同意，肖像作品权利人以发表、复制、发行、出租、展览等方式使用或者公开肖像权人的肖像。

《中华人民共和国民法典》第一千零二十条规定："合理实施下列行为的，可以不经肖像权人同意：（一）为个人学习、艺术欣赏、课堂教学或者科学研究，在必要范围内使用肖像权人已经公开的肖像；（二）为实施新闻报道，不可避免地制作、使用、公开肖像权人的肖像；（三）为依法履行职责，国家机关在必要范围内制作、使用、公开肖像权人的肖像；（四）为展示特定公共环境，不可避免地制作、使用、公开肖像权人的肖像；（五）为维护公共利益或者肖像权人合法权益，制作、使用、公开肖像权人的肖像的其他行为。"

作为公民，未成年学生当然也享有肖像权。与成年人不同的是，作为无民事行为能力人或限制民事行为能力人，未成年学生与肖像权有关的民事活动应由他的法定代理人代理，或者应当征得他的法定代理人的同意。学校使用学生的肖像，应当事先征得学生及其监护人的同意，在法定合理使用的情形下无须征得学生及其监护人的同意。实践中，学校侵犯学生的肖像权主要表现为以下几种情形：擅自将学生的照片提供给第三人，供第三人用于广告、商标、装潢、包装、装饰橱窗以及其他商业宣传和促销活动；未经学生及其监护人的同意，擅自给学生拍照，并将照片制作成挂历后用于出售（包括出售给学生本人及外人）；为了招生宣传的需要，未经学生及其监护人的同意，将学生的肖像用于招生简章、招生广告、宣传橱窗、学校网站、报纸以及电视节目中等。这些情形发生之后，一旦被侵权的学生诉诸法律进行维权，学校往往需要承担停止侵害、赔礼道歉、赔偿损失等民事责任。

有鉴于此，在教育教学活动中，学校及教师应当特别注意保护学生的肖像权。学校在给学生拍照之前，原则上应当事先征得学生及其监护人的同意。平时，学校及教师不得擅自将学生的照片提供给第三人，尤其是不能提供给商家，以防商家擅自将其使用于商业目的。学校为了实现教育教学目的而需要使用学生的肖像，例如，为了表彰先进而需要在校园橱窗里张贴优秀学生的照片，为了正面宣传学校所开展的教育活动而需要在学校的网站上使用学生的活动照片等，此类使用是出于公共利益的目的，因而属于合理使用，但为了避免日后发生纠纷，最好还是事先征得学生及其监护人的同意。如果需要在学校的招生简章上使用个别学生的肖像（此类使用是否属于"公益性的目的"尚有争议），学校务必事先与学生及其监护人就肖像权使用问题做出详细的书面约定，明确双方的权利和义务，在未获得合法授权的情况下，不要擅自使用学生的肖像。

1. 在教育教学活动中，学校和教师应特别注意保护学生的肖像权，除因上级部门要求外，不要擅自将学生的照片提供给外人，尤其是不能提供给商家。

2. 对于学校自身需要使用学生肖像的情形，比如因表彰学生先进事迹、宣传学校正面形象等需要使用学生肖像的，虽然其具有公益性，属于合理使用，但为了避免日后发生纠纷，学校应尽可能事先征得学生的监护人的同意。

3. 如果需要在招生简章上使用个别学生的肖像，学校务必事先与学生的监护人就肖像权使用问题做出详细的书面约定，明确双方的权利和义务，在未获得合法授权的情况下不得使用学生的肖像。

相关规定

　　《中华人民共和国民法典》第一千零一十八条："自然人享有肖像权，有权依法制作、使用、公开或者许可他人使用自己的肖像。肖像是通过影像、雕塑、绘画等方式在一定载体上所反映的特定自然人可以被识别的外部形象。"

　　《中华人民共和国民法典》第一千零一十九条："任何组织或者个人不得以丑化、污损，或者利用信息技术手段伪造等方式侵害他人的肖像权。未经肖像权人同意，不得制作、使用、公开肖像权人的肖像，但是法律另有规定的除外。未经肖像权人同意，肖像作品权利人不得以发表、复制、发行、出租、展览等方式使用或者公开肖像权人的肖像。"

《未成年人学校保护规定》第十五条："学校以发布、汇编、出版等方式使用学生作品，对外宣传或者公开使用学生个体肖像的，应当取得学生及其家长许可，并依法保护学生的权利。"

# 10. 不要侵犯学生的荣誉权

● 案例

据《中国教育报》报道，谢某原是北京市某小学六年级一班的学生。4月，在学校评选三好学生的过程中，担任副中队长的谢某是班上符合市级三好学生评选条件的五位学生之一，在同学无记名投票时名列第二，但最终在市级三好学生评选中落选。谢某认为，学校没有按有关规定进行市级三好学生的公开评选，最终的评选结果由学校的行政会议决定，是暗箱操作的结果。为此，谢某向区教委提出申诉，请求区教委调查核实学校市级三好学生的评定工作，要求学校对其落选的事实做出有根据的说明。

| 关键词 |
| --- |
| 荣誉 |
| 先进称号 |
| 奖励 |
| 荣誉权 |
| 荣誉获得权 |
| 荣誉保持权 |
| 荣誉维护权 |
| 荣誉称号 |

经过审查，区教委认为该小学在评选过程中严格执行了市教委的有关文件要求，不存在违反程序、暗箱操作的问题，并驳回了谢某的申诉请求。于是谢某向市教委提起行政复议，市教委维持了区教委的行政决定。对区教委认定的事实存有异议的谢某最终将区教委告上了法庭，起诉要求撤销区教委的行政决定。法院经审理认为，谢某的起诉理由不足，维持区教委做出的行政决定，驳回了谢某的诉讼请求。随后，原告代理人谢某的母亲表示不服判决，还将继续上诉。

荣誉是指公民、组织获得的由特定的权威机构颁发的先进称号或奖励。荣誉权是指公民、组织依法享有的获得、保持某一荣誉称号并禁止他人非法侵害的权利，包括荣誉获得权、荣誉保持权和荣誉维护权。按照法律规定，公民、组织的荣誉权受到侵犯的，有权要求停止侵害，恢复名誉，消除影响，赔礼道歉，并可以要求赔偿损失。

学生在校学习过程中，有可能获得各种荣誉称号，学校、教师应当尊重、保护学生的荣誉权。实践中，学生的荣誉权被侵犯的情形主要有以下几种。

其一，在评选先进过程中，有关组织、个人徇私舞弊，弄虚作假，致使具备获得先进称号资格、原本应获得先进称号的学生没有获得该荣誉。

例如，2000 年 5 月，某学校在"五四"表彰大会上宣布该校高三学生卿某和另一学生唐某获得省级"三好学生"称号。按规定，获得这一荣誉的学生在高考升学中可享受 15 分的加分待遇。当年，卿某的高考总分为 646 分，卿某所报考的第一志愿学校——清华大学在该省的录取线为 652 分，如果算上 15 分的加分，卿某的分数将超过录取线，然而，卿某最终却并未被清华大学录取。经当地两级纪委、监察部门调查，原来是该县教委在上报省级"三好学生"名单过程中，徇私舞弊，将卿某和唐某两人撤下，替换为特定的关系考生，致使卿某最终没有获得省级"三好学生"称号，丧失了加分的资格。2000 年底，当地纪委、监察部门对涉案的 17 人做出处理。随后，与自己梦寐以求的清华大学失之交臂的卿某将县教委告上法庭，要求被告赔礼道歉并赔偿其损失 30.4 万元。

其二，在校外机构评选先进称号过程中，学校、教师提供虚假的负面证明材料，致使学生丧失获得荣誉称号的机会。

例如，某县宣传部、文明办在该县中小学生中组织评选"十佳小志愿者"，初三学生赵某经社区推荐，成功进入 20 人的候选名单。然而，在主办机构向赵某所在学校了解赵某的日常表现时，由于学校负责人因赵某不愿意报考该校高中部而对赵某"有看法"，该校向主办机构提交了一份内容含有"赵某不够讲诚信，不够爱集体"的证明材料。最终，赵某没有被评上"十佳小志愿者"。其父亲因此迁怒于学校，代理孩子将学校告上了法庭。

其三，在校外机构评奖或评选先进称号过程中，学校、教师向评奖机构谎称学生的劳动成果为自己的劳动成果，冒领原本应由学生获得的荣誉称号及物质奖励。

例如，1997年6月，某职业高中学生李某经校领导和班主任同意，以个人名义参加服装设计百花竞赛奖。后来，李某设计的一套宽松式女套衫被评为设计二等奖。然而，领奖时，该职业高中却背着李某，以校部服装设计小组的名义领取了获奖证书和奖金。李某得知情况后向校领导提出归还证书和奖金的要求，但校领导称，李某所设计的服装用的是学校提供的较有特色的面料，而且学校赛前对李某进行了精心辅导，故证书和奖金只能归学校所有。随后，李某将学校诉至法院。法院经审理认定学校侵犯了李某的荣誉权，判决学校将获奖证书和全部奖金返还给原告李某，并向李某赔礼道歉。

其四，学校、教师非法扣留、损毁学生个人获得的荣誉证书，或者侵占作为荣誉附属物的奖金、奖品。

其五，在整理、审核学生填报的升学志愿过程中，学校因过错，漏填或填错学生的荣誉称号（特别是可以加分的奖项），以致学生失去被高一级学校录取的机会。

学生的荣誉权受法律保护，一旦荣誉权被侵犯，就会损害学生的人身权益（涉及物质奖励的，也损害其财产权益），甚至影响其个人发展前途。为此，学校在组织评选各种荣誉称号过程中，应当本着公平、公正、公开的原则，保证程序的正当性，不得弄虚作假、徇私舞弊。对学生获得的各种校外荣誉证书及奖品、奖金，学校、教师应当及时将其交给获奖学生本人，不得侵占、扣押或毁弃。此外，在审查、整理学生的升学志愿、档案过程中，教师务必认真负责，防止将学生的荣誉称号填错、改错，从而影响学生的录取结果。

策 略 · 建 议

1. 学校在组织评选各种荣誉称号过程中，应当做到规则明确公平、程序完善、过程透明、结果公开。
2. 学校、教师应当尊重、保护学生的荣誉权，不得违法限制、剥夺学生公平地获得荣誉称号的权利，不得侵占、扣押、毁损学生的荣誉证书、奖品和奖金。

**相关规定**

《中华人民共和国民法典》第一千零三十一条："民事主体享有荣誉权。任何组织或者个人不得非法剥夺他人的荣誉称号，不得诋毁、贬损他人的荣誉。获得的荣誉称号应当记载而没有记载的，民事主体可以请求记载；获得的荣誉称号记载错误的，民事主体可以请求更正。"

《未成年人学校保护规定》第九条："学校应当尊重和保护学生的人格尊严，尊重学生名誉，保护和培育学生的荣誉感、责任感，表彰、奖励学生做到公开、公平、公正；在教育、管理中不得使用任何贬损、侮辱学生及其家长或者所属特定群体的言行、方式。"

# 11. 未成年人也有著作权，要尊重学生的智力创作成果

● 案例

谢老师系某中学语文教师，在作文教学方面小有名气。某出版社邀请谢老师主编一本作文写作技巧方面的图书。随后，在主编图书过程中，谢老师将自己任教班级的一些学生写的作文收入书中，但未注明学生的姓名，而是统一用"某学生"代替。其中一名学生共有6篇作文被收入，字数合计逾4000字。在图书出版之前，谢老师未将这一情况告知相关学生及其家长。图书出版后，出版社和谢老师也未向相关学生支付稿酬。部分学生家长对出版社及谢老师的这一做法感到不满，认为侵犯了学生的著作权，要求予以纠正。谢老师则认为，学生的作文没有著作权，况且学生在写作方面的进步离不开老师的悉心指导和帮助，不应该向老师索要稿酬。双方由此产生纠纷，家长表示要向法院起诉出版社和谢老师。

**关键词**

著作权
作者
作品
专有权利
发表权
署名权
修改权
保护作品完整权
著作权人身权
著作权财产权
作文
知识产权
商标权
专利权

著作权，又称版权，是指作者或其他著作权人依法对文学、艺术或科学作品所享有的各项专有权利的总称。这些专有权利包括发表权、署名

权、修改权、保护作品完整权、复制权、发行权、出租权、展览权、表演权、放映权、广播权、信息网络传播权、摄制权、改编权、翻译权、汇编权以及应当由著作权人享有的其他权利。其中，前 4 项为著作权人身权；后 13 项为著作权财产权，著作权人可以许可他人行使或者转让后 13 项权利，并获得报酬。

著作权的保护对象是作品，即文学、艺术和科学领域内具有独创性并能以一定形式表现的智力成果，具体包括文字作品、口述作品、美术作品、音乐作品、摄影作品、视听作品、工程设计图、计算机软件等。学生作为自然人、公民，对其创作的作品当然享有著作权。那么，作文是否属于作品呢？应当说，作品有好有次，有优有劣，但只要具备法律所规定的"独创性"和"可复制性"，就属于作品的范畴，其作者依法享有著作权。学生的作文，特别是好的、优秀的作文，往往是学生脑力劳动的成果，属于智力成果，因而属于《中华人民共和国著作权法》中的作品，学生本人对其享有著作权。

教师应当树立法治意识，尊重和保护学生的著作权。实践中，教师侵犯学生著作权的行为主要包括：未经学生同意，擅自将学生的作品编撰成册发表；将学生作品发表时没有注明作者的姓名；擅自将学生的作品刊登在个人网站、微博、公众号、今日头条等公共媒介上；将学生的作品发表后，未向作者支付报酬；剽窃、抄袭学生的作品并予以发表等。按照法律规定，侵犯他人著作权的，应当承担停止侵害、消除影响、赔礼道歉、赔偿损失等民事责任。

著作权属于知识产权中的一类重要权利，除了著作权之外，知识产权还包括商标权、专利权等其他权利。《中华人民共和国民法典》规定："民事主体依法享有知识产权。知识产权是权利人依法就下列客体享有的专有的权利：（一）作品；（二）发明、实用新型、外观设计；（三）商标；（四）地理标志；（五）商业秘密；（六）集成电路布图设计；（七）植物新品种；（八）法律规定的其他客体。"

在今天，建立健全知识产权保护制度，已日益成为世界各国保护智力成果，推动科技进步，促进社会经济发展，提升本国国际竞争力的有力举措。教师应当尊重和保护学生的知识产权，积极营造尊重知识、勇于创新的校园文化氛围，培养学生尊重知识、崇尚创新的精神。

1. 学校和教职工应当尊重和保护学生的知识产权，营造尊重知识、鼓励创新的校园文化氛围。

2. 对学生创作的作品，学校和教职工未经学生及其监护人同意，不得予以发表；经同意发表的，双方应当签订书面协议，约定是否支付报酬，并在发表时注明作者姓名。

3. 对学生设计的商标、完成的发明创造以及其他智力成果，学校及教职工应当予以尊重，不得将该成果及其所获得的报酬占为己有。学校如果需要使用该成果，应当事先征得学生及其监护人的同意，并签订书面协议，详细约定各自的权利和义务。

相关规定

《中华人民共和国著作权法》第二条："中国公民、法人或者非法人组织的作品，不论是否发表，依照本法享有著作权……"

《中华人民共和国著作权法》第十条："著作权包括下列人身权和财产权：（一）发表权，即决定作品是否公之于众的权利；（二）署名权，即表明作者身份，在作品上署名的权利；（三）修改权，即修改或者授权他人修改作品的权利；（四）保护作品完整权，即保护作品不受歪曲、篡改的权利；（五）复制权，即以印刷、复印、拓印、录音、录像、翻录、翻拍、数字化等方式将作品制作一份或者多份的权利；（六）发行权，即以出售或者赠与方式向公众提供作品的原件或者复制件的权利；（七）出租权，即有偿许可他人临时使用视听作品、计算机软件的原件或者复制件的权利，计算机软件不是出租的主要标的的除外；（八）展览权，即公开陈列美术作品、摄影作品的原件或者复制件的权利；（九）表演权，即公开表演作品，以及用各种手段公开播送作品的表演的权利；（十）放映权，即通过放映机、幻灯机等技术设备公开再现美术、摄影、视听作品等的权利；（十一）广播权，即以有线或者无线方式公开传播或者转播作品，以及通过扩音器或者其他传送符号、声音、图像的类似工具向公众传播广播的作品的权利，但不包括本款第十二项规定的权利；（十二）信息网络传播权，即以有线或者无线方式向公众提供，使公众可以在其选定的时间和地点获得作品的权利；（十三）摄制权，即以摄制视听作品的方法将作品固定在载体上的权利；（十四）改编权，即改变作品，创作出具有独创性的新作品的权利；（十五）翻译权，即将作品从一种语言文字转换成另一种语言文字的权利；（十六）汇编权，即将作品或者作品的片段通过选择或者编排，汇集成新作品的权利；（十七）应当由著作权人享有的其他权利。著作权人可以许可他人行使前款第五项至第十七项规定的权利，并依照约定或者本法有关规定获得报酬。著作权人可以全部或者部分转让本条第一款第五项至第十七项规定的权利，并依照约定或者本法有关规定获得报酬。"

《中华人民共和国民法典》第一百二十三条："民事主体依法

享有知识产权。知识产权是权利人依法就下列客体享有的专有的权利：（一）作品；（二）发明、实用新型、外观设计；（三）商标；（四）地理标志；（五）商业秘密；（六）集成电路布图设计；（七）植物新品种；（八）法律规定的其他客体。"

《未成年人学校保护规定》第十五条："学校以发布、汇编、出版等方式使用学生作品，对外宣传或者公开使用学生个体肖像的，应当取得学生及其家长许可，并依法保护学生的权利。"

# 12. 法律保护通信自由和秘密，不隐匿、毁弃、私拆学生的信件

● 案例

小宇系某中学初三（2）班学生，王某系该班班主任，陈某系该校团委书记。一天下午第二、三节课，小宇旷课。王某去教室时，发现小宇不在，因见小宇的书包及钱夹在课桌内，在察看钱夹时发现了小宇的情书，便将书包、钱夹、信件拿到办公室。小宇在上第三节课期间回来上课，知其书包被班主任拿走，便前去索要。王某让小宇说清情书问题，小宇拒谈，并抢夺了部分信件及书包要走，被王某抓住不放。而后陈某赶到，将小宇抱住。小宇将信塞入口中。陈某抠小宇的嘴，未能抠出信。小宇力图挣脱，双方撕拽进入三楼阅览室内。此时，

校方在场人员提出，让小宇将信吐到阅览室里屋炉内烧掉。小宇便含信进入里屋。图书管理员杨某进入里屋，发现小宇已站在窗台上，便上前阻拦，被小宇蹬倒。小宇从三楼窗户逃脱摔伤，致右肋骨干骨折、第六胸椎压缩骨折、骨盆骨折、肺挫伤。小宇治愈出院后，将学校告上法庭，要求法院判决学校赔偿其全部损失，王某、陈某作为第三人参加了诉讼。

法院经审理认为，私人信件，任何组织和个人不得开拆。王某擅自拆小宇的信件，违反有关法律规定。陈某抠小宇嘴内的信件，显然欠妥，致

使小宇从窗户走脱，给小宇造成一定的损害，侵害了小宇的合法权益。对此，陈某应负主要责任。小宇在校期间，不遵守学校制度，导致本赔偿事实发生，其自身亦负有一定责任。据此，法院判决被告某中学赔偿原告小宇部分经济损失。

本案缘于学生的个人信件被教师扣留、开拆和查阅。实践中，一些教师担心学生与"坏人"交往后会受到不良影响，或者担心学生陷入早恋而影响学习，于是，为了摸清学生的思想动态及人际交往情况，或者为了阻断学生继续与他人交往，往往未经学生本人同意而私自开拆、查阅其信件，或者将信件予以扣留、没收甚至毁弃。这一做法是否合法？前述案例中的判决给出了明确的答案。

《中华人民共和国宪法》规定，公民的通信自由、通信秘密受法律保护。通信自由，是指公民通过书信、电话、电报、传真、电子邮件等方式，自主地与他人进行交往的自由。通信秘密，是指公民与他人进行交往的信件、电话、电报、电子邮件等所涉及的内容，任何个人、任何组织或者单位都无权非法干预，无权偷看、隐匿、涂改、弃毁、扣押、没收、泄露或者窃听。现实生活中，侵犯通信自由、通信秘密的行为主要表现为以下三类：一是隐匿他人信件，即私自将他人的信件扣留、隐藏起来，不让收信人知道或不交给收信人；二是毁弃他人信件，即将他人信件予以毁坏、丢弃，使得收信人无法收取信件；三是私自开拆、查阅他人信件。

按照法律规定，除了公安机关或检察机关为了国家安全或者追查刑事犯罪的需要而依照法律规定的程序，可以对公民的通信进行检查之外，其他任何组织、个人未经收信人本人同意，擅自开拆他人信件或者窥视、窃听通信内容，都是违法的，既侵犯了他人的通信自由权，也侵犯了他人的隐私权。

侵犯他人通信自由和通信秘密的，须承担相应的法律责任。《中华人民共和国刑法》第二百五十二条规定："隐匿、毁弃或者非法开拆他人信件，侵犯公民通信自由权利，情节严重的，处一年以下有期徒刑或者拘役。"《中华人民共和国治安管理处罚法》第四十八条规定："冒领、隐匿、毁弃、私自开拆或者非法检查他人邮件的，处五日以下拘留或者五百元以下罚款。"可见，侵犯他人通信自由权，情节严重的（如隐匿、毁弃或者非法开拆他人信件，次数较多或数量较大的，或者导致他人工作、生活受到严重妨害或身体、精神受到严重损害的），可能会被追究刑事责任；情节一般，尚不够刑事处罚的，可能受到拘留、罚款的治安处罚。此外，在民事责任上，受害人还可要求侵权人承担停止侵害、赔礼道歉、赔偿损失等法律责任。

　　未成年学生作为公民，其通信自由和通信秘密当然也受到前述法律的保护。此外，《中华人民共和国未成年人保护法》第六十三条规定："任何组织或者个人不得隐匿、毁弃、非法删除未成年人的信件、日记、电子邮件或者其他网络通讯内容。除下列情形外，任何组织或者个人不得开拆、查阅未成年人的信件、日记、电子邮件或者其他网络通讯内容：（一）无民事行为能力未成年人的父母或者其他监护人代未成年人开拆、查阅；（二）因国家安全或者追查刑事犯罪依法进行检查；（三）紧急情况下为了保护未成年人本人的人身安全。"根据这些规定，学校及教师无论出于何种目的，都无权隐匿、毁弃或擅自开拆、查阅未成年学生的信件。想要解开学生的思想疙瘩，还得靠耐心、细致的思想工作，以违法的方式进行，多半会遭到学生强烈的抵抗，最终也不利于教育目的的实现。一些心理脆弱的学生，在个人隐私被曝光之后甚至会选择走极端，后果不堪设想。

策略·建议

　　1. 在学校教育教学活动中，无论出于什么目的，教师都不要隐匿、毁弃、私拆学生的个人信件，以免侵犯学生的通信自由权。须知，恶花是结不出善果的。

2. 想要掌握学生的思想动态，还得靠耐心、细致的思想工作。试图走捷径有时反而会给教师带来无尽的麻烦。

**相关规定**

《中华人民共和国宪法》第四十条："中华人民共和国公民的通信自由和通信秘密受法律的保护。除因国家安全或者追查刑事犯罪的需要，由公安机关或者检察机关依照法律规定的程序对通信进行检查外，任何组织或者个人不得以任何理由侵犯公民的通信自由和通信秘密。"

《中华人民共和国刑法》第二百五十二条："隐匿、毁弃或者非法开拆他人信件，侵犯公民通信自由权利，情节严重的，处一年以下有期徒刑或者拘役。"

《中华人民共和国治安管理处罚法》第四十八条："冒领、隐匿、毁弃、私自开拆或者非法检查他人邮件的，处五日以下拘留或者五百元以下罚款。"

《中华人民共和国未成年人保护法》第六十三条："任何组织或者个人不得隐匿、毁弃、非法删除未成年人的信件、日记、电子邮件或者其他网络通讯内容。除下列情形外，任何组织或者个人不得开拆、查阅未成年人的信件、日记、电子邮件或者其他网络通讯内容：（一）无民事行为能力未成年人的父母或者其他监护人代未成年人开拆、查阅；（二）因国家安全或者追查刑事犯罪依法进行检查；（三）紧急情况下为了保护未成年人本人的人身安全。"

　　《未成年人学校保护规定》第十条："……除因法定事由，不得查阅学生的信件、日记、电子邮件或者其他网络通讯内容。"

## 13. 对学生实施罚款，到底侵犯了学生什么权利

### ● 案例

赵老师是某中学初一年级的班主任。由于自己所带的班级在学校流动红旗评比过程中多次排名靠后，为了改变这种局面，赵老师和班干部一起制定了严厉的班规。其中规定：上学迟到或早退，罚款5元；上课说话或者做小动作，罚款5元；乱丢垃圾或者值日生打扫卫生不彻底，罚款10元；未按时完成作业，罚款10元；抽烟或者打架，罚款30元等。班规正式实施后，班上的学生小廖一学期下来被罚了近五百元。小廖的家长知道后不干了，向学校和教育局投诉，认为班主任是以罚代管，不但没有教育好学生，还给家长增加了经济负担。家长要求班主任退还全部费用，并取消对学生实施罚款的做法。学校、教育局经过一番调查核实后，责令赵老师退还收取的全部"罚款"，并对其进行了通报批评。

| 关键词 |
| --- |
| 罚款 |
| 行政处罚措施 |
| 法定依据 |
| 法定程序 |
| 财产权 |
| 违法 |
| 违背教育规律 |

教师到底能不能对违纪学生实施罚款呢？有人说，这么做是为了学生好，而且"取之于民，用之于民"，罚款最终都充作班费，用在学生身上了，因此没什么问题。其实，这就涉及目的和手段的关系问题。一个正当的目的，应当通过合法的手段去实现。如果靠非法的方式去追求，那么其

造成的"恶果"将远远超过"收益"。这样的"恶果"如同一棵毒树上结出的果实，系毒树之果，注定难以得到法律的认可。

那么，罚款到底是一种什么性质的行为呢？其实，罚款这个词在法律上有特殊的含义，它是我国法律规定的一种行政处罚措施，是对违反行政法规的责任人所进行的一种经济上的处罚。按照我国法律的规定，罚款这样的处罚只能由法律法规做出规定，法律法规没有规定可以罚款的，不能实施罚款。而且，罚款必须由特定的行政机关、法律法规授权的组织或行政机关委托的组织依照法律规定的程序来实施，其他任何组织、个人都不能实施。按照《中华人民共和国行政处罚法》的规定，没有法定依据或不遵守法定程序的行政处罚无效；违法实施行政处罚的，可以对直接负责的主管人员和其他直接责任人员依法给予处分。

显然，对违纪学生实施罚款是没有任何法定依据的。学校并无罚款的权力，更不用说教师个人了。虽然学生违反了校规或班规，但校规、班规不是法律法规，根本无权设立罚款。可见，在任何情况下学校和教师都不得对学生实施罚款，否则就侵犯了学生或其家长的财产权。

将罚款作为一种教育手段不但违法，还存在很多问题。比如，学生本人并无经济来源，罚款最终都要落到家长的身上，因而容易引起家长的反感和抵触；经济条件较好的学生可能对罚款无所畏惧，罚款不但达不到教育的目的，还给了他们犯错误的特权；对经济条件不佳的学生，罚款会给他们造成极大的压力，尤其是在已尽力但仍被罚款的情况下（如努力学习后成绩仍不佳），他们可能会心生怨恨甚至选择走极端；罚款强调金钱的作用，有可能扭曲学生的价值观。

总之，学校或教师对学生实施罚款属于"自创法律"，不仅违法，而且违背了教育规律。

## 策略·建议

1. 学校、教师对学生进行管教、实施教育惩戒时，不要触及学生及其家长的财产权益。罚款等经济处罚措施，涉嫌侵犯学生及其家长的财产权。

2. 学生违反学校的纪律不等于违法，学校和教师也不是执法者，对法律规定由执法部门才能行使的权力，学校、教师不要越俎代庖违法行使。

## 相关规定

《中华人民共和国行政处罚法》第四条："公民、法人或者其他组织违反行政管理秩序的行为，应当给予行政处罚的，依照本法由法律、法规、规章规定，并由行政机关依照本法规定的程序实施。"

《中华人民共和国行政处罚法》第三十八条："行政处罚没有依据或者实施主体不具有行政主体资格的，行政处罚无效。违反法定程序构成重大且明显违法的，行政处罚无效。"

《中华人民共和国行政处罚法》第七十六条："行政机关实施行政处罚，有下列情形之一，由上级行政机关或者有关机关责令改正，对直接负责的主管人员和其他直接责任人员依法给予处分：（一）没有法定的行政处罚依据的……（三）违反法定的行政处罚程序的……"

# 14. 保护学生的受教育权，不得违法违规开除学生

## ● 案例

　　小罗是某乡镇中学的初二学生，他生性淘气，喜欢搞恶作剧，因此成了班主任和任课教师眼中的刺儿头。一天，班上有一名学生丢了30元钱，班主任让这名学生搜查其他同学的衣物和书包，结果在小罗的书包里恰好搜到了30元钱。该学生经仔细辨认，认为这钱正是他的，但小罗矢口否认，说钱是爷爷给他买文具用的。班主任认为小罗是在抵赖，没有听其解释，而直接将钱交给该学生，并责令小罗写一份检讨书。谁知，当天中午小罗将该学生狠狠地揍了一顿。班主任听闻这个消息十分气愤，找到学校领导要求开除小罗。第二天，学校领导让班上的学生就是否同意开除小罗一事进行表决，结果该表决获得除小罗外的其他同学全票通过。随后，学校做出了开除小罗的处分决定。

　　离开学校后，小罗终日在街上游荡。小罗的父亲认为学校随意开除小罗，剥夺了小罗的受教育权，于是便以小罗的法定代理人的身份向法院提起诉讼，但法院以涉案纠纷不属于法院受理范围为由不受理该案。此后，小罗的父亲多次向乡、县教育主管部门申诉，并向媒体求助，乡教育组遂

| 关键词 |
|---|
| 受教育权 |
| 基本权利 |
| 义务教育 |
| 强制性 |
| 权利 |
| 义务 |
| 开除 |
| 责令限期改正 |
| 违反国家规定 |
| 变相开除 |
| 教育惩戒 |

责令该中学撤销对小罗的开除处分，允许其回校上课。

学校到底能不能开除学生？这既涉及教育惩戒的问题，更关乎公民受教育权的保障问题。我国宪法规定，国家发展社会主义的教育事业，提高全国人民的科学文化水平；中华人民共和国公民有受教育的权利和义务，国家培养青年、少年、儿童在品德、智力、体质等方面全面发展。可见，受教育权是宪法所确认和保障的一项公民基本权利。

同时，根据我国的国情，现阶段国家实行九年义务教育制度。所谓义务教育，是指国家统一实施的所有适龄儿童、少年必须接受的，国家、社会、学校、家庭都必须予以保证的带有强制性的国民教育。接受义务教育既是公民的权利，也是公民的义务。任何组织、个人不得侵犯未成年人接受义务教育的权利。义务教育具有强制性、免费性、普及性的特点，让适龄儿童、少年接受义务教育是国家的一项基本义务，国家不得以任何理由予以推脱。国家实施义务教育是通过学校来实现的，各所学校受国家的委托，接收适龄儿童、少年入校就读，实现义务教育的目的。一旦儿童、少年进入某所学校接受义务教育，学校就基于国家的委托，代表国家成为履职的主体，由此负有保证学生受教育权得以实现的义务。

这就意味着，学校不得开除正在接受义务教育的学生，也就是不得开除小学生和初中生。《中华人民共和国义务教育法》第二十七条规定，对违反学校管理制度的学生，学校应当予以批评教育，不得开除。这是一条不可触碰的"红线"，学校不得以任何理由违反这一规定。实践中，对不守纪律、屡屡违纪的学生，或者学习困难、学业不佳的学生，一些学校急于"甩包袱"，责令学生退学，或者迫于其他家长的压力直接开除学生，或者长时间不让学生上学，这些做法都违反了法律的规定，侵犯了学生的受教育权。对此类违法行为，《中华人民共和国义务教育法》第五十七条规定了制裁办法，那就是"由县级人民政府教育行政部门责令限期改正；情节严重的，对直接负责的主管人员和其他直接责任人员依法给予处分"。

当然，作为受害者的学生，也可以通过诉讼的方式，来维护自己接受义务教育的权利。

那么，对非义务教育阶段严重违纪的未成年学生，比如普通高中、职高、中专、技校的学生，学校能不能开除呢？《中华人民共和国未成年人保护法》规定，学校应当保障未成年学生受教育的权利，不得违反国家规定开除、变相开除未成年学生。《中小学教育惩戒规则（试行）》第十条规定："……对违规违纪情节严重，或者经多次教育惩戒仍不改正的学生，学校可以给予警告、严重警告、记过或者留校察看的纪律处分。对高中阶段学生，还可以给予开除学籍的纪律处分。对有严重不良行为的学生，学校可以按照法定程序，配合家长、有关部门将其转入专门学校教育矫治。"根据这些规定，对违规违纪情节严重或者经多次教育惩戒仍不改正的非义务教育阶段的学生，学校认为确需依据校规给予其开除处分的，应当严格遵循开除处分的相关程序，并报上级教育行政部门批准后方可执行处分决定。

## 策略·建议

1. 尚在接受义务教育的初中生、小学生，严重违反校规校纪的，学校应当对其进行批评教育，或者根据校规对其实施恰当的教育惩戒，但不得以任何理由给予其开除或勒令退学的处分，亦不得以劝退、限期转学等名义进行变相开除。

2. 对非义务教育阶段的未成年学生，学校不得违反法律和国家规定对其实施开除的处分。学生严重违反校规校纪，影响学校教育教学活动正常开展，或者危及其他学生和教师的人身安全，学校认为确需依据校规给予其开除处分的，应当报上级教育行政部门批准后方可执行处分决定。

相关规定

《中华人民共和国宪法》第四十六条："中华人民共和国公民有受教育的权利和义务。国家培养青年、少年、儿童在品德、智力、体质等方面全面发展。"

《中华人民共和国义务教育法》第二条："国家实行九年义务教育制度。义务教育是国家统一实施的所有适龄儿童、少年必须接受的教育，是国家必须予以保障的公益性事业。实施义务教育，不收学费、杂费。国家建立义务教育经费保障机制，保证义务教育制度实施。"

《中华人民共和国义务教育法》第二十七条："对违反学校管理制度的学生，学校应当予以批评教育，不得开除。"

《中华人民共和国未成年人保护法》第二十八条："学校应当保障未成年学生受教育的权利，不得违反国家规定开除、变相开除未成年学生。学校应当对尚未完成义务教育的辍学未成年学生进行登记并劝返复学；劝返无效的，应当及时向教育行政部门书面报告。"

《未成年人学校保护规定》第十二条："义务教育学校不得开除或者变相开除学生，不得以长期停课、劝退等方式，剥夺学生在校接受并完成义务教育的权利；对转入专门学校的学生，应当保留学籍，原决定机关决定转回的学生，不得拒绝接收……"

《中小学教育惩戒规则（试行）》第十条："……对违规违纪情节严重，或者经多次教育惩戒仍不改正的学生，学校可以给予警告、严重警告、记过或者留校察看的纪律处分。对高中阶段学生，还可以给予开除学籍的纪律处分。对有严重不良行为的学生，学校可以按照法定程序，配合家长、有关部门将其转入专门学校教育矫治。"

# 15. 歧视或区别对待学生要不得

## ● 案例1

据"中青在线"报道，2011年11月8日上午，市民打投诉电话反映，某中学初三年级的班主任安排学习较差的学生在教室外面考试。下午2时，记者来到该中学初中部，看到四楼及五楼的楼道上坐满了参加期中考试的学生。11月8日刚好是二十四节气中的立冬，当地气温突然下降了十几度，孩子们在瑟瑟寒风中考试，他们有的戴着帽子，有的握紧拳头，脸蛋冻得通红。记者询问得知，由于班里同学太多，而考试又必须让学生隔开一定的距离，所以班主任才安排这些平时学习较差、偶尔调皮捣蛋的学生在外面吃点儿苦，让他们懂得学习的艰辛。

**关键词**

平等权

基本权利

区别对待

歧视

参加考试

受教育权

人格尊严

测智商

教室的角落

## ● 案例2

据《华商报》报道，2011年10月，西安市某小学为部分学生发放绿领巾，要求这些学生佩戴。"你学习不好，戴绿领巾，我的才是真正的红领巾……"该小学门口，两个放学的孩子嬉闹起来，来接佩戴绿领巾孩子的家长表情尴尬。据该校教师解释称，此举是为了激励孩子。但家长并不认可这一做法，质疑这是给成绩不好的孩子贴上"差生"标签。得知学校让小学生佩戴绿领巾的尝试，陕西省少工委工作人员说，《中国少年先锋队队章》中并没有"绿领巾"的规定。"我们不支持学校这种做法，佩戴绿领巾不符合全国少工委有关规定。"相关负责人介绍，少先队作为全国性少年儿童群众组织，其重要标志有统一规范。据了解，上海、北京、武汉等地也曾出现过"绿领巾"，作为少先队员预备期的教育形式。但红领巾有其特定含义，两者不是同一事物，这些做法已经被叫停。

让"差生"在教室外面考试、给小学生戴绿领巾，到底错在何处？此类做法不仅侵犯了学生的平等权，也伤害了学生的人格尊严。平等权是公民享有的、为我国宪法所确认和保障的一项基本权利。未成年人作为公民，同样享有平等权。《中华人民共和国未成年人保护法》规定，未成年人依法平等地享有各项权利，不因本人及其父母或者其他监护人的民族、种族、性别、户籍、职业、宗教信仰、教育程度、家庭状况、身心健康状况等受到歧视。在受教育问题上，《中华人民共和国教育法》《中华人民共和国义务教育法》均明确规定，适龄儿童、少年不分性别、民族、种族、家庭财产状况、宗教信仰等，依法享有平等的受教育权。《未成年人学校保护规定》更是明确规定，学校应当平等对待每个学生，不得因学生及其父母或者其他监护人的民族、种族、性别、户籍、职业、宗教信仰、教育程度、家庭状况、身心健康情况等歧视学生或者对学生进行区别对待。

可见，平等对待学生，不得歧视品行有缺陷、学习有困难的学生，这不仅是对教师的职业道德要求，更是学校和教师的一项法律义务。歧视"差生"，不仅违背教师的职业操守，而且有可能侵犯学生的某一具体的合法权益，从而受到法律的追究。

实践中，除了让"差生"在教室外面考试、给小学生戴绿领巾之外，常见的侵犯学生平等权、歧视学生的行为，主要有以下几种。

## 一、不让成绩差的学生参加考试

一些学校和教师，担心"差生"的成绩会拖后腿，影响班级的"及格率""优秀率"或者学校的升学率，而不让这些学生参加考试（包括平时的测验、期中考试、期末考试、中考、高考等各类考试）。此类做法是违法的。按照《中华人民共和国教育法》第四十三条的规定，学生享有参加学校安排的各种教育教学活动的权利。考试也是学校组织和安排的教育教学活动。考试可以检测学生的学习情况，为教师改进教学和学生查漏补缺提供客观依据。从这个角度而言，考试是教学工作的一个重要环节，是学校教育应有的内涵之一。没有考试的教育不是完整的学校教育。参加考试是学生应当享有的基本权利之一。剥夺学生参加考试的权利，实际上构成了对学生受教育权的侵犯。此外，不让所谓的"差生"参加考试，实际上是对"差生"的一种歧视，既侵犯了学生的平等权，也伤害了学生的人格尊严，给学生的身心健康造成了不利影响。

## 二、让学习不好的学生去测试智商

学校、教师为什么会强迫学生测智商？用意很明显，就是为了让这些学生取得"轻度弱智"的证明，从而成为"随班就读生"，而后其成绩将不计入班级、学校的统计范围，不会拖班级、学校的后腿。殊不知，此类做法负面影响极大。影响学生学习成绩的因素除了智力之外，还包括情感、意志等。一名学生成绩不好，不一定就是智商有问题，而可能与他不够努力、学习习惯不好、注意力不集中等有关。而一旦被贴上"弱智"的标签，学生很可能会产生消极的自我心理暗示，放弃努力。更严重的是，这样的标签对任何一名学生的自尊心都会造成严重的打击，甚至摧毁其自信心。总之，让成绩不好的学生去测智商，是对学生的一种歧视，涉嫌侵犯学生的人格尊严权，应当为学校、教师所摒弃。

## 三、让不守纪律的学生单独坐在教室的角落或讲台旁

对不守纪律的学生，一些教师的"高招"是让其座位远离其他同学，令其坐在教室的角落，或者坐在讲台的左、右侧，这样既能让其尽可能与其他同学隔离开来，最大限度地降低其影响他人上课的可能，又能显示对其惩罚，迫其就范。这一做法表面上看似乎可行，短期内也许有一定的"效果"，但从长远来看，其实质是反教育的，对学生的伤害非常大。无论教师本人出于什么样的想法，遭受如此对待一定会被学生视为一种"严厉的惩罚"，让学生时刻处在别人异样的目光之下，时刻感受到自己与他人不同，时刻感受到"羞辱"。这对学生的心理无疑是一记重击，令其颜面扫地，尊严尽失。这样明显带有歧视性、侮辱性的行为，同样涉嫌侵犯学生的人格尊严权。

对以上各种歧视学生或者对学生进行区别对待的言行，学校和教师应当注意防范和避免。要尊重学生的平等权，保护学生的人格尊严，公平、公正地对待每一名学生。

## 策略·建议

1. 学校要保护学生的平等权，将平等理念融入教育教学和日常管理中，营造平等的校园环境和氛围。

2. 要保证招生平等，不设置任何歧视性招生条件，并自觉接受社会监督。

3. 在教育教学和管理中，教师要平等对待、关心爱护每一名学生，不得因学习成绩、家庭条件等而区别对待学生。

4. 对可能造成歧视的管理措施、言语、行为，要及时纠正并消除不良影响。

5. 对残疾、家庭经济困难等困境学生，要按规定采取特别支持措施，

保障其受教育权等权益的实现。

## 相关规定

《中华人民共和国未成年人保护法》第三条："国家保障未成年人的生存权、发展权、受保护权、参与权等权利。未成年人依法平等地享有各项权利，不因本人及其父母或者其他监护人的民族、种族、性别、户籍、职业、宗教信仰、教育程度、家庭状况、身心健康状况等受到歧视。"

《中华人民共和国教育法》第九条："中华人民共和国公民有受教育的权利和义务。公民不分民族、种族、性别、职业、财产状况、宗教信仰等，依法享有平等的受教育机会。"

《中华人民共和国义务教育法》第四条："凡具有中华人民共和国国籍的适龄儿童、少年，不分性别、民族、种族、家庭财产状况、宗教信仰等，依法享有平等接受义务教育的权利，并履行接受义务教育的义务。"

《未成年人学校保护规定》第六条："学校应当平等对待每个学生，不得因学生及其父母或者其他监护人（以下统称家长）的民族、种族、性别、户籍、职业、宗教信仰、教育程度、家庭状况、身心健康情况等歧视学生或者对学生进行区别对待。"

# 16. 尊重学生的参与权，让学生参与民主管理

● 案例

据《齐鲁晚报》报道，2020年9月18日下午，山东省潍坊市某学校举办了第21届学生"校长"竞选活动。前期，学校先从19个班级中，通过自愿报名、班级同学投票，推选出10名学生"校长"候选人。然后通过竞选演说、随机抽题现场答辩、综合考核，竞聘上岗。最终，在教师代表、学生代表的共同评选下，四年级9岁的小彤当选学生"校长"，六年级小怡、五年级小涵当选学生"副校长"。

9月24日上午大课间，小彤和两位学生"副校长"开始走马上任，查看学生出操情况。学校还为她们准备了单独的"办公室"，方便她们开展工作，举办活动。在任职期间，学生"校长"们有很多工作要做。她们还要参与学校重大活动的决策、组织、协调；要协助学校领导与教师检查和监督学生"一日常规"的遵守情况，以及处理一些偶发事件；要做好上传下达工作，并及时了解学生的心声。

让未成年学生参与学校重要事项的决策和管理，这是在学校教育中践行和保障儿童参与权的重要体现。儿童的参与权，是指儿童享有参与家

| 关 键 词 |
| :---: |
| 儿童参与权 |
| 发表意见 |
| 参与决策 |
| 基本权利 |
| 多元共治 |
| 民主管理 |

庭、文化和社会生活，并对影响到其本人的一切事项自由地发表意见、参与决策的权利。儿童虽小，但具有独立的人格，有自己的需求、情感、思想、愿望和能力。他们不是成人的附属物，而跟成人一样是权利的主体，应当作为一个有权利的群体而被所有人尊重。儿童也是"儿童问题的专家"，他们了解自身的处境、问题和需求，在很多涉及自身的事情上最有发言权，其成长离不开自身的主动参与和努力。尊重和保障儿童的参与权，可以让儿童获得尊严，更加自信，也有利于将他们培养成为勇于担当、积极进取、文明民主、富于创造的现代公民。

儿童享有参与权，这是联合国《儿童权利公约》和《中华人民共和国未成年人保护法》所确认和保障的一项儿童的基本权利。《儿童权利公约》第十二条规定，缔约国应确保有主见能力的儿童有权对影响到其本人的一切事项自由发表自己的意见，对儿童的意见应按照其年龄和成熟程度给以适当的看待。《中华人民共和国未成年人保护法》第三条和第四条也规定，国家保障未成年人的参与权，处理涉及未成年人事项，应当听取未成年人的意见。

学校和教师应当保障儿童的参与权，积极创造条件让学生参与涉及自己利益的重大事项的决策与管理。一方面，这是落实法律规定，维护儿童权益，促进儿童发展的需要。另一方面，当前国家正在全面推进依法治校建设，核心要求之一便是要完善学校治理结构，健全决策机制，实现依法治理。完善学校治理结构，需要保障学校的各个利益相关者，包括学校的举办者及主管部门、党组织、以校长为首的学校行政管理层、教职工、学生及其家长，以及学校所在的社区，共同参与学校治理，实现多元共治、民主管理。其中，学生及其家长作为参与治理的重要主体之一，应当在学校的重大决策和管理活动中发挥应有的作用。

那么，学校、教师在教育教学和日常管理中该如何保障儿童的参与权呢？关键是要做好以下几个方面的工作。

第一，在"立法"层面上，学校在制定章程、规章制度、班级公约的过程中，要让广大学生参与讨论、审议甚至表决，创造条件让学生参与决策，广泛吸收学生的合理建议。

第二，在"行政"层面上，凡是涉及学生利益的重大管理事项，例如优秀班集体的评比、学生先进荣誉的评选等，都要有广大学生或学生代表参与决策、执行和监督。

第三，在"司法"层面上，学校在对违纪学生实施处理、处分过程中，应当吸收学生代表充当"法官"。学生违纪处理机构、学生申诉机构中应当有一定数量的学生代表，以保障处理、处分学生公平、公正。

## 策略·建议

1. 学校、教师应保障学生的参与权，让学生参与民主管理。凡是涉及学生利益的重大事项，应当听取学生的意见，必要时应当召开听证会，吸收学生的合理建议。

2. 在制定校规校纪过程中，在涉及学生利益的重大管理事项上，学校应当让广大学生参与讨论和审议，广泛征集"民意"，实现多元共治。

3. 学生违纪处理机构、学生申诉机构应当吸收学生代表参与，学生代表享有同等权利，有权自主发表意见。

相关规定

《儿童权利公约》第十二条："缔约国应确保有主见能力的儿童有权对影响到其本人的一切事项自由发表自己的意见，对儿童的意见应按照其年龄和成熟程度给以适当的看待……"

《中华人民共和国未成年人保护法》第三条："国家保障未成年人的生存权、发展权、受保护权、参与权等权利……"

《中华人民共和国未成年人保护法》第四条："保护未成年人，应当坚持最有利于未成年人的原则。处理涉及未成年人事项，应当符合下列要求……（五）听取未成年人的意见……"

《未成年人学校保护规定》第十六条："学校应当尊重学生的参与权和表达权，指导、支持学生参与学校章程、校规校纪、班级公约的制定，处理与学生权益相关的事务时，应当以适当方式听取学生意见。"

《未成年人学校保护规定》第四十五条："学校在作出与学生权益有关的决定前，应当告知学生及其家长，听取意见并酌情采纳。学校应当发挥学生会、少代会、共青团等学生组织的作用，指导、支持学生参与权益保护，对于情节轻微的学生纠纷或者其他侵害学生权益的情形，可以安排学生代表参与调解。"

《中小学教育惩戒规则（试行）》第五条："……学校制定校规校纪，应当广泛征求教职工、学生和学生父母或者其他监护人（以下称家长）的意见；有条件的，可以组织有学生、家长及有关方面代表参加的听证……教师可以组织学生、家长以民主讨论形式共同制定班规或者班级公约，报学校备案后施行。"

# 17. 建立学生申诉制度，保障学生的申诉权

● 案例

小峰是某小学六年级学生，一向成绩优秀，还是班里的中队委员。临近期末的时候，班级评选"三好学生"，小峰没被选上。小峰的家长认为小峰品学兼优，至少比被评上"三好学生"的两位同学更有资格当选，评选结果不公正，学校侵害了小峰的荣誉权。为此，小峰的家长以小峰的名义向学校提起了学生申诉，递交了学生申诉书，请求将小峰评为"三好学生"。一星期之后，学校向小峰送达了学生申诉决定书，驳回了小峰的申诉请求，理由是当选"三好学生"的基本要求是德、智、体、美、劳全面发展，而小峰的体育科目成绩未达到"良好"以上，不符合"三好学生"的评选标准。收到学生申诉决定书之后，小峰仍不服，他又向区教委提起了学生申诉，但区教委最终以同样的理由维持学校的决定。

关键词

申诉权
学生申诉
学生申诉规定
申诉机构
受理
申诉书
复核
听证会
陈述和辩解
申诉处理决定
送达

保障学生的申诉权，是落实依法治校、维护学生合法权益的基本要求。所谓学生申诉，是指学生认为学校的行为、决定、处分或者教师、学校其他工作人员的行为侵犯了自己的合法权益时，有权向学校或有关部门进行

申诉，请求重新处理的行为。学校及教职工在对学生进行教育、管理的过程中，难免会发生一些差错。赋予学生申诉的权利，等于为学生提供了一个为自己辩护和寻求救济的机会，这有利于缓解紧张的师生关系和校生关系，有助于培养学生的民主意识和法治观念，也有助于学校及教职工及时纠正工作中出现的错误，改进不足，提高教育和管理水平。为了正确处理学生申诉，学校应当建立科学、规范、完善的学生申诉制度。

## 一、制定学生申诉制度

与以往学生或家长较为随意的口头反映问题、投诉等行为不同，学生申诉有特定的形式、程序和步骤，正规而严肃，是一种常规制度。实践中，学校应当制定书面的"学生申诉规定"，详细规定本校学生申诉的受理范围、申诉的提出及受理方式、学校处理申诉的步骤和程序、申诉结果的送达方式等内容，以此作为学校处理学生申诉的操作依据。

## 二、设立学生申诉处理机构

学校应当设立学生申诉处理委员会（以下简称学申委），作为处理学生申诉的专门机构。学申委主任由校长或主管副校长担任。学申委委员则由学校各职能部门负责人代表，各年级负责人代表，共产党、共青团、少先队组织代表，教师代表，学生代表等人员组成。条件允许的，还可吸收法律工作者、学生家长代表、社区代表等人员参加学申委。学申委成员人数应当为单数，例如7人或9人等。

学申委的职责如下：（1）受理学生申诉；（2）向有关部门和人员调查取证，查阅相关文件和资料；（3）对学生申诉进行复查处理，并做出申诉复查决定；（4）提出维持原处理决定或撤销原处理决定等复议意见报校长办公会议审批，并将申诉处理结果送达申诉人及其监护人。

## 三、受理学生申诉

学生在什么情况下可以提起申诉？这个范围应当尽量放宽。学生只要认为自己的合法权益（包括生命健康权、受教育权、隐私权、名誉权、荣誉权、人身自由权、财产权、平等权、获得公正评价权和休息娱乐权等）受到了侵害，就可提起学生申诉。可申诉的事项包括三类：一是教师或教辅人员在工作中对学生实施的某种行为，如体罚学生，不让学生上课，没收学生的物品等；二是学校在教育和管理过程中针对学生而实施的某一行为或做出的某项决定，如组织学生补课，要求学生征订某一课外读物等；三是学校对学生做出的某一纪律处分，如对学生处以严重警告的处分等。这些事项只要与学生本人具有切身的利害关系，且学生认为不恰当、不公正，就可以成为学生申诉的受理对象。

提起学生申诉时，学生本人应当向学申委提交书面的学生申诉书。学生申诉书应当载明申诉人的姓名及所在班级、被申诉人的姓名及所在部门（如系学校，则直接写学校的名称）、申诉要求（即希望通过申诉达到什么结果，如要求教师归还被没收的物品、要求学校撤销对自己的处分等）、事实和理由（即申诉事项的简要情况以及支持自己的申诉要求的各种正当理由）。

学申委应当自接到学生提交的申诉申请书之日起3个工作日内对申诉材料进行审查，并根据具体情况做出受理或者不受理的决定。做出不受理决定的，应当说明理由。

## 四、审查和评议学生申诉

在受理学生申诉之后，学申委首先应当进行调查取证，查明申诉事项的基本情况。随后，应当组织学申委成员进行讨论，对申诉事项进行复核，并确定处理方案。必要时学申委还应当召开听证会，听取申诉人与被申诉人的陈述和辩解。

## 五、做出学生申诉处理决定

学申委在对学生申诉进行审查和评议之后，应当在规定的期限内（从受理申诉到做出复核结论一般不应超过 15 个工作日；情况复杂不能在规定期限内做出结论的，经学校负责人批准，可延长 15 个工作日），做出书面的学生申诉处理决定。

根据复核结果，学申委区分不同情况，分别做出以下 3 种申诉处理决定，并报校长办公会议批准后生效。

（1）原处理决定认定事实清楚，适用规章制度及相关依据正确，程序合法的，维持原处理决定。

（2）原处理决定认定事实清楚，但处理明显不当的，变更原处理决定。

（3）原处理决定主要事实不清，或者适用规章制度及相关依据错误，或者违反规范程序，影响申诉人合法权益的，撤销原处理决定，由原处理部门重新做出处理或者处分决定。

## 六、送达学生申诉处理结果

做出学生申诉处理决定之后，学申委应当及时将学生申诉处理决定书送达学生本人及其监护人，并告知申诉人如果对申诉处理决定不服，可向上级教育行政部门提起学生申诉，或者采取其他合法途径进行维权。同时，学申委保留好送达回执，并将有关本次申诉的所有材料整理归档后予以妥善保管。

1. 学校应当制定本校学生申诉的具体规定，成立学生申诉处理机构，建立健全学生申诉制度，维护学生的合法权益。

2. 对学生提起的申诉，学校应当依法依规及时决定是否受理。决定受理的，应当及时进行复核，并在规定的期限内做出申诉处理决定。

3. 处理学生申诉，应当遵循合法合规、公开透明、公平公正、便利学生的原则。

相关规定

　　《中华人民共和国教育法》第四十三条："受教育者享有下列权利……（四）对学校给予的处分不服向有关部门提出申诉，对学校、教师侵犯其人身权、财产权等合法权益，提出申诉或者依法提起诉讼……"

## 18. 侵害未成年人案件强制报告制度，教师该如何执行

● 案例

2007年，李某某夫妇因婚后无子女，领养一名出生不久的女婴李某甲。2019年5月9日，就读于某小学的李某甲（女，12岁）向其班主任求助，称其养父李某某从2018年暑假开始，在家中多次以触摸胸部、阴部等方式对其实施猥亵。李某甲曾向养母诉说，但养母不相信，置之不理，于是她向班主任反映。班主任收到求助后，当日即依照强制报告制度要求，层报至教育主管部门，县教育局于次日向公安机关报案，并向检察机关报备。2019年5月10日，县公安局对李某某猥亵儿童一案立案侦查。2019年6月4日，县检察院对李某某做出批准逮捕决定。2019年8月7日，县检察院以李某某涉嫌猥亵儿童罪提起公诉。2019年8月27日，县法院以猥亵儿童罪判处李某某有期徒刑三年三个月。

**关键词**

侵害未成年人案件
强制报告制度
密切接触未成年人
遭受不法侵害
面临不法侵害危险
报案
举报
不履行报告职责

本案中，假如班主任接到李某甲的求助后，本着多一事不如少一事的态度，没有及时报告，那么结果会怎样呢？显然，李某甲有可能会持续受到不法侵害。那么，教师平时发现自己的学生受到不法侵害或者疑似遭受不法侵害，例如发现学生身上青一块紫一块，疑似遭受暴力侵害，或者常

常吃不饱、穿不暖，疑似受到虐待，该怎么办呢？学生在校外遭受侵害，跟学校和教师没有关系，教师可以不闻不问吗？答案自然是否定的，学校和教师必须依法履行报告职责，因为国家已经建立了侵害未成年人案件强制报告制度。

2020年5月，最高人民检察院、教育部、公安部、民政部等九部门联合印发了《关于建立侵害未成年人案件强制报告制度的意见（试行）》（以下简称《意见》）。《意见》规定，国家机关、法律法规授权行使公权力的各类组织及法律规定的公职人员，以及学校、医院、儿童福利机构、宾馆等密切接触未成年人行业的各类组织及其从业人员，在工作中发现未成年人遭受或者疑似遭受不法侵害以及面临不法侵害危险的，应当立即向公安机关报案或举报。这就是侵害未成年人案件强制报告制度。

那么，哪些情形下学校和教师应当履行报告职责呢？按照《意见》第四条的规定，发现未成年人遭受或者疑似遭受不法侵害以及面临不法侵害危险的，都应当报告，具体包括以下九种情形："（一）未成年人的生殖器官或隐私部位遭受或疑似遭受非正常损伤的；（二）不满十四周岁的女性未成年人遭受或疑似遭受性侵害、怀孕、流产的；（三）十四周岁以上女性未成年人遭受或疑似遭受性侵害所致怀孕、流产的；（四）未成年人身体存在多处损伤、严重营养不良、意识不清，存在或疑似存在受到家庭暴力、欺凌、虐待、殴打或者被人麻醉等情形的；（五）未成年人因自杀、自残、工伤、中毒、被人麻醉、殴打等非正常原因导致伤残、死亡情形的；（六）未成年人被遗弃或长期处于无人照料状态的；（七）发现未成年人来源不明、失踪或者被拐卖、收买的；（八）发现未成年人被组织乞讨的；（九）其他严重侵害未成年人身心健康的情形或未成年人正在面临不法侵害危险的。"

一旦发现上面这九种情形，学校及教职工应当立即向公安机关报案或举报，并且应积极参与、配合有关部门做好侵害学生权利案件的调查处理工作。

倘若学校和教师不履行报告职责，会有什么后果呢？按照规定，负有报告义务的单位和个人，如果不履行报告职责，造成严重后果的，应当给予相应处分；构成犯罪的，依法追究刑事责任；相关单位或者单位主管人员阻止工作人员报告的，予以从重处罚。例如，2017年，有学生家长向某小学校长包某某、副校长印某某反映，该校两名教师杨某某、糜某某存在猥亵儿童行为。包某某、印某某在收到举报线索后未调查核实，也未向公安机关报案，致使两名教师继续多次作案，造成严重危害后果和恶劣社会影响。2020年8月11日，杨某某、糜某某因犯强奸罪、猥亵儿童罪分别被判处死刑、有期徒刑17年。两名学校负责人也因隐瞒不报被追责。

## 策略·建议

1. 学校及教职工应当严格执行侵害未成年人案件强制报告制度，以便及时发现、处置侵害未成年人犯罪，及时有效地保护未成年人。

2. 教职工在工作中发现未成年学生遭受或者疑似遭受不法侵害以及面临不法侵害危险的，应当立即向学校负责人报告，或者直接向公安机关报案或举报，并积极参与、配合有关部门做好侵害学生权利案件的调查处理工作。

3. 接到学生或教职工报告有学生遭受或者疑似遭受不法侵害以及面临不法侵害危险的，学校负责人应当立即向公安机关报案或举报，同时向上级教育行政部门报告备案。需要及时采取救助措施的，学校应当对受害学生予以先行救助。

《中华人民共和国未成年人保护法》第十一条："……国家机关、居民委员会、村民委员会、密切接触未成年人的单位及其工作人员，在工作中发现未成年人身心健康受到侵害、疑似受到侵害或者面临其他危险情形的，应当立即向公安、民政、教育等有关部门报告。有关部门接到涉及未成年人的检举、控告或者报告，应当依法及时受理、处置，并以适当方式将处理结果告知相关单位和人员。"

《中华人民共和国未成年人保护法》第四十条："……对性侵害、性骚扰未成年人等违法犯罪行为，学校、幼儿园不得隐瞒，应当及时向公安机关、教育行政部门报告，并配合相关部门依法处理……"

《未成年人学校保护规定》第四十七条："学校和教职工发现学生遭受或疑似遭受家庭暴力、虐待、遗弃、长期无人照料、失踪等不法侵害以及面临不法侵害危险的，应当依照规定及时向公安、民政、教育等有关部门报告。学校应当积极参与、配合有关部门做好侵害学生权利案件的调查处理工作。"

《未成年人学校保护规定》第四十八条："教职员工发现学生权益受到侵害，属于本职工作范围的，应当及时处理；不属于本职工作范围或者不能处理的，应当及时报告班主任或学校负责人；必要时可以直接向主管教育行政部门或者公安机关报告。"

《未成年人学校保护规定》第四十九条："学生因遭受遗弃、虐待向学校请求保护的，学校不得拒绝、推诿，需要采取救助措施的，应当先行救助……"

《关于建立侵害未成年人案件强制报告制度的意见（试行）》第二条："侵害未成年人案件强制报告，是指国家机关、法律法规授权行使公权力的各类组织及法律规定的公职人员，密切接触未成年人行业的各类组织及其从业人员，在工作中发现未成年人遭受或者疑似遭受不法侵害以及面临不法侵害危险的，应当立即向公安机关报案或举报。"

# 19. 对未成年人的六大保护分别是什么

• 案例 1

自 2019 年 11 月起，犯罪嫌疑人李某某因其女儿钟某某（10 岁）贪玩，常以打骂、罚跪手段体罚钟某某。2020 年 2 月 6 日上午，李某某安排钟某某在家写作业。13 时许，外出回家的李某某与杨某某（与李某某系同居关系）发现钟某某在偷玩手机，二人便用抽打、罚跪、浇冷水等方式体罚钟某某，直至钟某某出现体力不支状况。后李某某、杨某某发现钟某某已出现无法下咽且有牙关紧咬的情况，李某某意识到事态严重而拨打 120 急救电话。医生接诊时发现钟某某的伤情疑似人为所致，李某某对其致伤原因有意隐瞒，医生遂履行强制报告职责果断报警。2020 年 5 月 13 日，公安机关将该案移送至河南省新乡市卫滨区人民检察院审查起诉。

| 关键词 |
| --- |
| 家庭保护 |
| 监护职责 |
| 学校保护 |
| 受教育权 |
| 体罚 |
| 人格尊严 |
| 安全防控体系 |
| 社会保护 |
| 网络保护 |
| 政府保护 |
| 司法保护 |

• 案例 2

据《检察日报》报道，2016 年 5 月至 2017 年 5 月，曲某某为寻求性刺激，通过 QQ 聊天软件，冒充某影视公司的女性工作人员，以招募童星需先行检查身体发育情况为由，先后诱骗、唆使被害女童张某某、李某某等（年龄均在10—13岁），要求被害人拍摄自身隐私部位的不雅照片、视频等供其观看。上海市嘉定区人民检察院受理案件后，及时向公安机关提出意见，对涉案电脑中的电子数据进行恢复和固定，进而查明多名被害人的身份信息，最终查证曲某某通过网络猥亵各地女童11人的犯罪事实。2018年3月，检察机关以曲某某涉嫌猥亵儿童罪向法院提起公诉。法院以曲某某犯猥亵儿童罪，判处其有期徒刑十年。

"少年强则国强"，未成年人是祖国的希望，是民族的未来。保护未成年人是国家机关、武装力量、政党、人民团体、企业事业单位、社会组织、城乡基层群众性自治组织、未成年人的监护人和其他成年人的共同责任。《中华人民共和国未成年人保护法》等法律织密未成年人保护网，为未成年人构筑了六大保护体系，分别是家庭保护、学校保护、社会保护、网络保护、政府保护和司法保护。

## 一、家庭保护

家庭是未成年人最初的、主要的生活场所，父母和其他监护人担负着保护未成年人的主要职责。家长应当学习家庭教育知识，提高教育未成年子女的水平，创造良好、和睦、文明的家庭环境。《中华人民共和国未成年人保护法》第十六条规定："未成年人的父母或者其他监护人应当履行下列监护职责：（一）为未成年人提供生活、健康、安全等方面的保障；（二）关注未成年人的生理、心理状况和情感需求；（三）教育和引导未成年人遵纪守法、勤俭节约，养成良好的思想品德和行为习惯；（四）对未成年人进行安全教育，提高未成年人的自我保护意识和能力；（五）尊重未成年人受教育的权利，保障适龄未成年人依法接受并完成义务教育；（六）保障未成年人休息、娱乐和体育锻炼的时间，引导未成年人进行有益身心健康的活动；（七）妥善管理和保护未成年人的财产；（八）依法代理未成年人实施民事法律行为；（九）预防和制止未成年人的不良行为和违法犯罪行为，并进行合理管教；（十）其他应当履行的监护职责。"

《中华人民共和国未成年人保护法》同时还规定："未成年人的父母或者其他监护人不得实施下列行为：（一）虐待、遗弃、非法送养未成年人或者对未成年人实施家庭暴力；（二）放任、教唆或者利用未成年人实施违法犯罪行为；（三）放任、唆使未成年人参与邪教、迷信活动或者接受恐怖主义、分裂主义、极端主义等侵害；（四）放任、唆使未成年人吸烟（含电子烟，下同）、饮酒、赌博、流浪乞讨或者欺凌他人；（五）放任或者迫使应当接受义务教育的未成年人失学、辍学；（六）放任未成年人沉迷网络，接触危害或者可能影响其身心健康的图书、报刊、电影、广播电视节目、音像制品、电子出版物和网络信息等；（七）放任未成年人进入营业性娱乐场所、酒吧、互联网上网服务营业场所等不适宜未成年人活动的场所；（八）允许或者迫使未成年人从事国家规定以外的劳动；（九）允许、迫使未成年人结婚或者为未成年人订立婚约；（十）违法处分、侵吞未成年人的财产或者利用未成年人牟取不正当利益；（十一）其他侵犯未成年人身心健康、财产权益或者不依法履行未成年人保护义务的行为。"

## 二、学校保护

学校是未成年人接受正规教育、保障其受教育权得以实现的场所，也是其学习、生活的主要场所之一。在法律构筑的未成年人保护网络中，学校担负着特殊、重要的职责。按照法律规定，学校对未成年人的保护职责主要包括以下几个方面。

第一，保障未成年人的受教育权，促进学生全面发展。学校应当全面贯彻国家教育方针，坚持立德树人，实施素质教育，提高教育质量，注重培养未成年学生认知能力、合作能力、创新能力和实践能力，促进未成年学生全面发展。学前教育机构应当做好保育、教育工作，遵循幼儿身心发展规律，实施启蒙教育，促进幼儿在体质、智力、品德等方面和谐发展。学校不得违反国家规定开除、变相开除未成年学生。

第二，禁止体罚和侮辱学生人格尊严。学校、幼儿园的教职工应当尊重未成年人人格尊严，不得对未成年人实施体罚、变相体罚或者其他侮辱人格尊严的行为。学校应当关心、爱护未成年学生，不得因家庭、身体、心理、学习能力等情况歧视学生。

第三，建立健全安全防控体系，保障在校学生的安全。学校、幼儿园及其举办者应当为受教育者提供符合安全要求的场地及教育设施、设备，建立健全安全管理制度，及时消除校园环境中存在的安全隐患，加强对学生的安全教育和管理，发生安全事故后应及时救助受伤害学生。

第四，建立健全学生欺凌和性侵害防控机制。学校应当建立学生欺凌防控工作制度，及时制止学生欺凌行为，对实施欺凌的学生应当依法、依规进行管教和惩戒，妥善保护和帮助受伤害的学生。应当对教职工加强教育和管理，建立健全相关安全制度，预防性侵害、性骚扰未成年人等违法犯罪行为。

## 三、社会保护

社会环境是未成年人生活、学习的大背景，影响着未成年人的健康成长。社会各界包括基层群众自治组织、社区、人民团体、企业事业单位、社会组织以及其他组织和个人，应当积极开展有利于未成年人健康成长的社会活动和服务，共同为未成年人创造良好的成长环境。

对未成年人的社会保护表现在方方面面。例如，居民委员会、村民委员会应当指导、帮助和监督未成年人的父母或者其他监护人依法履行监护职责，建立留守未成年人、困境未成年人的信息档案并给予关爱帮扶；图书馆、博物馆、科技馆、美术馆、影剧院、体育场馆、动物园、公园等场所，应当按照有关规定对未成年人免费或者优惠开放；城市公共交通以及公路、铁路、水路、航空客运等应当按照有关规定对未成年人实施免费或者优惠票价；网吧等营业性娱乐场所不得允许未成年人进入；禁止向未成年人销售烟、酒、彩票；任何组织或者个人不得招用未满十六周岁未成年人，国家另有规定的除外；旅馆、宾馆、酒店等住宿经营者接待未成年人入住，或者接待未成年人和成年人共同入住时，应当询问未成年人的父母或者其他监护人的联系方式、入住人员的身份关系等有关情况，发现有违法犯罪嫌疑的，应当立即向公安机关报告，并及时联系未成年人的父母或者其他监护人。

## 四、网络保护

网络保护，是指全社会各个相关主体共同参与，各司其职，保障未成年人网络空间安全，保护未成年人合法网络权益，营造健康、文明、有序的网络环境，促进未成年人健康成长。例如，网信部门及其他有关部门应当加强对未成年人网络保护工作的监督检查，依法惩处利用网络从事危害未成年人身心健康的活动，为未成年人提供安全、健康的网络环境；学校应当合理使用网络开展教学活动，未经学校允许，未成年学生不得将手机等智能终端产品带入课堂，带入学校的应当统一管理，发现未成年学生沉迷网络的，学校应当及时告知其父母或者其他监护人，共同对未成年学生进行教育和引导，帮助其恢复正常的学习生活；未成年人的父母或者其他监护人应当提高网络素养，规范自身使用网络的行为，加强对未成年人使用网络行为的引导和监督；网络游戏服务提供者应当按照国家有关规定和标准，对游戏产品进行分类，作出适龄提示，并采取技术措施，不得让未成年人接触不适宜的游戏或者游戏功能，不得在每日二十二时至次日八时向未成年人提供网络游戏服务；网络服务提供者发现用户利用其网络服务对未成年人实施违法犯罪行为的，应当立即停止向该用户提供网络服务，保存有关记录，并向公安机关报告；等等。

## 五、政府保护

政府在未成年人保护工作中承担着主体责任。县级以上人民政府应当将未成年人保护工作纳入国民经济和社会发展规划，建立未成年人保护工作协调机制，统筹、协调、督促、指导有关部门在各自职责范围内做好未成年人保护工作。

政府保护表现在各个方面。例如，各级人民政府应当保障未成年人受教育的权利，并采取措施保障留守未成年人、困境未成年人、残疾未成年人接受义务教育；地方人民政府及其有关部门应当保障校园安全，监督、指导学校、幼儿园等单位落实校园安全责任，建立突发事件的报告、处置和协调机制；公安机关和其他有关部门应当依法维护校园周边的治安和交通秩序，设置监控设备和交通安全设施，预防和制止侵害未成年人的违法犯罪行为；未成年人流浪乞讨或者身份不明，暂时查找不到父母或者其他监护人的，民政部门应当依法对其进行临时监护；县级以上人民政府应当开通全国统一的未成年人保护热线，及时受理、转介侵犯未成年人合法权益的投诉、举报；等等。

## 六、司法保护

司法保护，是指公安机关、人民检察院、人民法院以及司法行政部门依法履行职责，在各自职能范围内对未成年人实施专门的保护。司法机构的履职活动具有权威性和强制性，其在儿童保护事业中起着独特的作用。

实践中，司法保护表现在各个方面。例如，公安机关、人民检察院、人民法院和司法行政部门应当确定专门机构或者指定专门人员，负责办理涉及未成年人案件，办理涉及未成年人案件的人员应当经过专门培训，熟悉未成年人身心特点；办理涉及未成年人案件，应当考虑未成年人身心特点和健康成长的需要，使用未成年人能够理解的语言和表达方式，听取未成年人的意见；未成年人合法权益受到侵犯，相关组织和个人未代为提起诉讼的，人民检察院可以督促、支持其提起诉讼，涉及公共利益的，人民检察院有权提起公益诉讼；公安机关、人民检察院、人民法院办理未成年人遭受性侵害或者暴力伤害案件，在询问未成年被害人、证人时，应当采取同步录音录像等措施，尽量一次完成，未成年被害人、证人是女性的，应当由女性工作人员进行；对违法犯罪的未成年人，实行教育、感化、挽救的方针，坚持教育为主、惩罚为辅的原则；等等。

## 策略·建议

1. 我国现行法律制度，从各个方面构筑了一个儿童权利保障的网络体系，包括家庭保护、学校保护、社会保护、网络保护、政府保护和司法保护，教师应当了解各个主体的保护职责，与相关主体密切配合，共同做好未成年人保护工作。

2. 学校及教职工在工作中应当严格落实《中华人民共和国未成年人保护法》所规定的学校保护职责，保护未成年人的受教育权、人身权、财产权等各项合法权益，特别是要建立健全学校安全防控体系、学生欺凌和性侵害防控机制，保障在校学生的安全，有效防治学生欺凌事件，预防性侵害、性骚扰未成年人等违法犯罪行为。

### 相关规定

《中华人民共和国未成年人保护法》第六条："保护未成年人，是国家机关、武装力量、政党、人民团体、企业事业单位、社会组织、城乡基层群众性自治组织、未成年人的监护人以及其他成年人的共同责任。国家、社会、学校和家庭应当教育和帮助未成年人维护自身合法权益，增强自我保护的意识和能力。"

《中华人民共和国未成年人保护法》第七条："未成年人的父母或者其他监护人依法对未成年人承担监护职责。国家采取措施指导、支持、帮助和监督未成年人的父母或者其他监护人履行监护职责。"

《中华人民共和国未成年人保护法》第二十五条："学校应当全面贯彻国家教育方针，坚持立德树人，实施素质教育，提高教育质量，注重培养未成年学生认知能力、合作能力、创新能力和实践能力，促进未成年学生全面发展。学校应当建立未成年学生保护工作制度，健全学生行为规范，培养未成年学生遵纪守法的良好行为习惯。"

《中华人民共和国未成年人保护法》第四十二条："全社会应当树立关心、爱护未成年人的良好风尚。国家鼓励、支持和引导人民团体、企业事业单位、社会组织以及其他组织和个人，开展有利于未成年人健康成长的社会活动和服务。"

《中华人民共和国未成年人保护法》第六十四条："国家、社会、学校和家庭应当加强未成年人网络素养宣传教育，培养和提高未成年人的网络素养，增强未成年人科学、文明、安全、合理使用网络的意识和能力，保障未成年人在网络空间的合法权益。"

《中华人民共和国未成年人保护法》第八十一条："县级以上人民政府承担未成年人保护协调机制具体工作的职能部门应当明确相关内设机构或者专门人员，负责承担未成年人保护工作。乡镇人民政府和街道办事处应当设立未成年人保护工作站或者指定专门人员，及时办理未成年人相关事务；支持、指导居民委员会、村民委员会设立专人专岗，做好未成年人保护工作。"

《中华人民共和国未成年人保护法》第一百条："公安机关、人民检察院、人民法院和司法行政部门应当依法履行职责，保障未成年人合法权益。"

# 第2章
# 学生专项保护

学生欺凌、性侵害、性骚扰行为严重损害学生的身心健康。学校应当落实法律规定，建立学生欺凌和性侵害、性骚扰防控专项制度，积极预防并依法妥善处理学生欺凌、性侵害、性骚扰行为，关爱、保护学生的身心健康和安全。

# 20. 怎样识别学生欺凌行为

● 案例

据河南省教育厅微信公众号消息，2018年5月10日下午放学后，某小学六年级李某等七名学生，在学校南边空地上，对本校学生史某进行殴打欺凌，导致史某身体多处受伤。事发原因是，5月9日，该小学有上级组织的送课下乡活动，部分班级学生集中上课。当时，受害人史某在老师安排下，与一位名叫小洁的女生同桌，这招来了一位暗自喜欢小洁的男生的不满，于是该男生纠集一拨儿人于放学后将史某叫到事发地，并对其进行殴打，导致史某受伤。事发后，该小学马上采取措施，先后安排史某到乡卫生院、县医院检查救治，还与施暴男生的家长联系沟通，与家长一起到医院看望史某并主动支付一切医疗费用。同时，学校召开紧急班主任会，进一步安排、落实预防校园欺凌工作。县教体局、镇中心校积极应对，在指导该小学做好应急处置工作外，还要求镇中心校立即召开全镇各小学校长会，再布置、再落实预防校园欺凌工作。

## 关键词

学生欺凌
恃强凌弱
以多欺少
蓄意
恶意
肢体欺凌
语言欺凌
关系欺凌
网络欺凌
人身伤害
财产损失
精神损害
打闹行为
矛盾冲突

什么是学生欺凌？怎样识别某种行为是否属于学生欺凌？按照国家有关规定，学生欺凌，是指学生之间发生的，在年龄、身体或者人数等方面占优势的一方，蓄意或恶意通过肢体、语言及网络等手段，对另一方实施欺压、侮辱，造成人身伤害、财产损失或者精神损害的行为。

学生欺凌具有以下四个特征。

其一，学生欺凌行为的实施者，往往是在年龄、身体或者人数等方面占优势的一方，也就是以大欺小、恃强凌弱或以多欺少。

其二，欺凌者在主观心理、态度上是蓄意或者恶意。其中，蓄意是强调行为非一时兴起，而是有计划、有准备、有预谋地去追求；恶意则强调欺凌者动机不良，不怀好意，追求不正当的目的，比如为了追求刺激、显示威风、拿他人取乐等。

其三，在行为方式上，学生欺凌是通过肢体、语言及网络等手段对他人实施欺压、侮辱，这是欺凌的外部行为表现。实践中，学生欺凌行为可以分为四种形式，分别是肢体欺凌、语言欺凌、关系欺凌、网络欺凌。其中，肢体欺凌是指通过肢体来实施欺凌，比如，以殴打、脚踢、掌掴、抓咬、推撞、拉扯等方式侵犯他人身体或者恐吓、威胁他人，或者抢夺、强拿硬要或故意毁坏他人财物等。语言欺凌，则是指通过语言来侮辱、恐吓他人。例如，给他人起侮辱性绰号，以辱骂、讥讽、嘲弄、挖苦的方式侵犯他人人格尊严，口头威胁、恐吓他人等。关系欺凌，也叫社交欺凌，是指恶意排斥、孤立他人，影响他人参加学校活动或者社会交往。例如，在班级里故意孤立某一同学，不允许大家跟他交往，或者阻止他跟大家交往。关系欺凌恶化了受害者的社会交往环境，使其陷于孤立、无助、充满敌意的环境中，严重损害其身心健康。网络欺凌，是指通过网络或者其他信息传播方式来实施欺凌，主要是指在微信、QQ、网站论坛等网络以及移动媒体上，恶意传播其他同学的隐私，或者捏造事实诽谤他人，散布谣言或者错误信息诋毁他人。这是一种新的欺凌形式，学校和教师要特别加以关注。

其四，在损害后果上，学生欺凌往往给受害者造成人身伤害、财产损失或精神损害的后果。其中，人身伤害并不要求造成受害者伤残或者需要住院治疗的后果，只要受害者感到身体疼痛即可。精神损害也并不要求造成受害者精神疾病，只要受害者切实感受到精神恐惧、痛苦即可。

有时候，对某种行为是否属于学生欺凌，不同的人可能会有不同的看法，家长之间、家长和学校之间甚至会产生争议或纠纷。因此，为了准确认定欺凌行为，需要弄清学生欺凌与另外两种行为的区别。

一是打闹行为与学生欺凌的区别。比如，某小学两名学生在卫生间里将装有厕纸的垃圾筐倒扣在另一名学生头上。事后，前者的家长认为这只是学生间的打闹行为，后者的家长则认为这是学生欺凌，要求学校处理欺凌者。那么，打闹与欺凌到底有什么区别呢？可从以下三个方面进行区分。第一，看行为人的主观动机。欺凌行为往往是出于蓄意或者恶意的心理、动机，是为了追求刺激、显示威风；而打闹则通常没有这样的主观心理特征。第二，看承受人的主观感受。如果行为人和承受人双方都觉得好玩，都不觉得是在羞辱一方，那就是打闹嬉戏。而如果承受人感到被冒犯、被侮辱，不希望发生这种行为，那就不是打闹嬉戏。承受人的主观感受很重要。第三，看行为后果。如果打闹行为超出一定的限度，在承受人表达抗议之后仍然没有停止，从而给承受人造成精神痛苦或者身体伤害等，那么原先的打闹行为就转化成了欺凌行为。

二是矛盾冲突与学生欺凌的区别。比如，你不小心踩了我一脚，我不干了，回头就给你几拳，这算是欺凌吗？不是，这是临时起意的矛盾冲突，双方互有过错。又如，你侵犯了我一下，我不服，为了报复，找你打了一架，或者用恶毒的语言羞辱了你一顿，结果有一方受到了身体伤害或精神损害，这是学生欺凌吗？也不是，这是因为矛盾冲突而引发的打架斗殴或语言攻击。虽然矛盾冲突和学生欺凌都是违纪行为，都应受到批评或教育惩戒，但两者性质不一样，不能混淆，不能将欺凌行为无限扩大，把什么都往里装。两者的区别在于，矛盾冲突是事出有因，互有过错，互相攻击；而学生欺凌则是一方无事生非去攻击无辜的另一方。

1. 学生欺凌是指学生之间发生的，在年龄、身体或者人数等方面占优势的一方，蓄意或恶意通过肢体、语言及网络等手段，对另一方实施欺压、侮辱，造成人身伤害、财产损失或者精神损害的行为。
2. 学生欺凌包括肢体欺凌、语言欺凌、关系欺凌、网络欺凌四种行为方式。
3. 学校、教师应当学会区分学生欺凌与打闹行为、矛盾冲突的差别，准确识别、认定学生欺凌行为。

相关规定

《中华人民共和国未成年人保护法》第三十九条："学校应当建立学生欺凌防控工作制度，对教职员工、学生等开展防治学生欺凌的教育和培训。学校对学生欺凌行为应当立即制止，通知实施欺凌和被欺凌未成年学生的父母或者其他监护人参与欺凌行为的认定和处理；对相关未成年学生及时给予心理辅导、教育和引导；对相关未成年学生的父母或者其他监护人给予必要的家庭教育指导。对实施欺凌的未成年学生，学校应当根据欺凌行为的性质和程度，依法加强管教。对严重的欺凌行为，学校不得隐瞒，应当及时向公安机关、教育行政部门报告，并配合相关部门依法处理。"

《未成年人学校保护规定》第二十一条："教职工发现学生实施下列行为的，应当及时制止：（一）殴打、脚踢、掌掴、抓咬、推撞、拉扯等侵犯他人身体或者恐吓威胁他人；（二）以辱骂、讥讽、嘲弄、挖苦、起侮辱性绰号等方式侵犯他人人格尊严；（三）抢夺、强拿硬要或者故意毁坏他人财物；（四）恶意排斥、孤立他人，影响他人参加学校活动或者社会交往；（五）通过网络或者其他信息传播方式捏造事实诽谤他人、散布谣言或者错误信息诋毁他人、恶意传播他人隐私。学生之间，在年龄、身体或者人数等方面占优势的一方蓄意或者恶意对另一方实施前款行为，或者以其他方式欺压、侮辱另一方，造成人身伤害、财产损失或者精神损害的，可以认定为构成欺凌。"

# 21. 怎样预防和处置学生欺凌行为

● 案例

2022年4月2日，安徽省颍上县当地微信群流传着"学生被多名同学扇打"的视频。县委、县政府接报后，高度重视，立即责成教育、公安等相关部门调查核实。经查，相关视频反映属实。公安机关已对涉暴的某学校七年级学生梁某某等12人依法做出处罚，其中对陈某（14周岁）处以行政拘留10日，其他11人因不满14周岁，依法不予处罚，已对其监护人进行训诫，责令其监护人严加管教。同时，学校对梁某某等3名主要参与者给予留校察看处分，对其他9名学生给予记过处分，并组织心理咨询师和家庭教育指导师对被殴打学生进行心理疏导。经县教育工委研究决定，给予该校校长李某党内警告处分，给予分管副校长王某记过处分，免去其副校长职务，给予涉事班级班主任郑某记过处

**关键词**

学生欺凌
专项制度
心理健康教育
同理心
法治教育
高发时段
高危区域
早发现
早处理
问卷调查
举报电话
学生欺凌认定
干预处理

分，对该校全县通报批评，并部署在全县各类学校开展一次拉网式排查，坚决防范校园欺凌，杜绝此类现象再次发生。

学生欺凌行为损害了学生的身心健康，恶化了学生的成长环境，学校

应当落实法律和国家有关规定，建立学生欺凌防控专项制度，维护学生的合法权益，落实立德树人的根本任务。

## 一、学生欺凌的预防

为了有效防范学生欺凌行为的发生，学校及教职工应当着力做好以下几个方面的工作。

一是对学生开展防治学生欺凌的教育和培训。首先，通过开展品德教育，培养学生正确的是非观和高尚的情操。其次，通过开展心理健康教育，培养学生的同理心、同情心。教师要通过介绍案例、进行角色扮演等方式，让学生学会换位思考，体验被欺凌者的感受，从而培养同理心和共情能力，学会和他人友好相处。再次，通过开展法治教育，让学生了解哪些行为可能触犯法律，构成违法犯罪，了解实施欺凌行为可能要承担的法律责任，培养学生的规则意识和遵纪守法的观念。最后，通过开展学生欺凌防治主题教育，让学生认识什么是学生欺凌，它有哪些特征和表现形式，它有什么危害，怎样预防和应对等，增强学生对欺凌行为的防范意识和自我保护能力。

二是强化人防、技防建设，不给学生欺凌创造时空条件。调查统计表明，学生欺凌的发生存在"高发时段"和"高危区域"。从时间上看，学生欺凌一般发生在课余时间，特别是上学到校前和放学到家前。从空间上看，学生欺凌主要发生在学校厕所、操场角落、校门口周边等相对偏僻、容易为教师所忽视的场所。针对这一情况，学校应当在校内重点场所安装、完善视频监控系统，并安排教职工在课余时间强化对重点场所的值班巡逻，发现学生实施违规违纪行为的，要及时予以制止和批评教育。对校门口周边治安形势比较复杂、学校难以管控的治安"死角"，学校应主动联系警方，提请其在相关场所设立治安岗亭，或者在上下学期间派出警力在相关场所值班巡逻、维持秩序。

三是及时发现、识别学生欺凌行为，做到早发现、早处理。学生欺凌行为越早暴露，越早被发现，就越有可能降低它的危害后果。为此，学校可考虑采取以下措施。首先，教职工和家长平时应注意观察学生的身体和精神健康状况，发现学生有明显的情绪反常、身体损伤等情形，应当及时沟通了解情况，可能存在被欺凌情形的，应当及时向学校报告。其次，学校应当定期对全体学生开展欺凌情况的问卷调查，通过调查及时发现疑似欺凌行为的线索，并对相关行为是否构成欺凌进行评估和认定。再次，学校、班级要设立学生欺凌举报电话、邮箱、信箱，鼓励学生及时举报自己遭遇或者旁观的学生欺凌行为。受理举报时要注意保护学生的隐私和个人信息，维护学生的合法权益。

## 二、学生欺凌的处置

一旦发现学生欺凌行为，学校要立即干预和处置，妥善处理，做到早发现、早处理、早化解，防止事态恶化。处置学生欺凌行为，一般要遵循以下步骤和程序。

第一，成立学生欺凌治理组织，制定关于学生欺凌防控的校规。处置学生欺凌事件需要专门的机构和制度，学校应当按照规定成立由校内相关人员、法治副校长、法律顾问、有关专家、家长代表、学生代表等参与的学生欺凌治理组织，负责学生欺凌行为的预防和宣传教育、组织认定、实施矫治、提供援助等。还应当制定、完善关于学生欺凌防控的专门校规，为预防、处置学生欺凌提供制度依据。

第二，对学生欺凌事件予以立案，展开事件调查。接到被欺凌学生或其家长投诉，或者知情者举报，或者学校及教职工在履职过程中发现本校可能存在学生欺凌行为的，学校设立的学生欺凌治理组织应当对事件进行立案，并成立专门的调查组开展调查工作。调查组应当通过查看监控录像、询问目击证人、询问当事人、提取电子数据信息等多种方式，搜集各个方面的证据，查明学生欺凌行为是否存在，以及欺凌事件发生的原因、过程和造成的后果。在调查过程中，一旦发现学生的行为可能涉嫌违法犯罪，学校应当及时向公安机关报案，并配合相关部门依法处理。

第三，认定涉事学生的行为是否属于学生欺凌。学校原则上应当在启动调查处理程序10天内，完成调查，并根据调查情况，结合法律、国家相关规定及校规校纪，认定涉事学生的行为是否属于学生欺凌。学生或家长对认定结论不服的，可以向区县一级防治学生欺凌工作部门提起申诉，最终结论以区县级工作部门的认定结论为准。

第四，拟定干预措施并予以落实。发生学生欺凌行为后，学校要及时采取干预措施。比如，及时将欺凌者与被欺凌者有效隔离开来，防止受害者再次遭受欺凌；通报受害者的家长，与家长共同协商确定对受害者的安抚、保护、心理辅导措施；通报欺凌者的家长，与家长共同确定对欺凌者的制止和矫正措施；责令欺凌者向被欺凌者道歉，以取得谅解；学校、家长共同监督干预措施的落实；等等。

第五，对欺凌者实施教育惩戒或纪律处分。认定涉事学生的行为构成欺凌的，学校应当对实施或者参与欺凌行为的学生做出教育惩戒或者纪律处分，并对其家长提出加强管教的要求。必要时，可以由法治副校长、辅导员对学生及其家长进行训导、教育。对违反治安管理或者涉嫌犯罪等严重欺凌行为，学校不得隐瞒，应当及时向公安机关、教育行政部门报告，并配合相关部门依法处理。

## 策略·建议

1. 学校应当成立学生欺凌治理组织，负责相关校规制定、宣传教育、预防、认定、处置处理等工作。

2. 平时，学校应当通过对学生开展相关教育、定期对全体学生开展欺凌情况的问卷调查、设立便捷的举报通道等方式，有效预防和及时发现学生欺凌行为。

3. 发生疑似学生欺凌行为后，学校应当及时组织事件调查，认定是否构成学生欺凌。如构成学生欺凌，学校应及时采取干预措施，对实施或参与欺凌行为的学生做出教育惩戒或纪律处分。

相关规定

《中华人民共和国未成年人保护法》第三十九条："学校应当建立学生欺凌防控工作制度，对教职员工、学生等开展防治学生欺凌的教育和培训。学校对学生欺凌行为应当立即制止，通知实施欺凌和被欺凌未成年学生的父母或者其他监护人参与欺凌行为的认定和处理；对相关未成年学生及时给予心理辅导、教育和引导；对相关未成年学生的父母或者其他监护人给予必要的家庭教育指导。对实施欺凌的未成年学生，学校应当根据欺凌行为的性质和程度，依法加强管教。对严重的欺凌行为，学校不得隐瞒，应当及时向公安机关、教育行政部门报告，并配合相关部门依法处理。"

《未成年人学校保护规定》第二十条："学校应当教育、引导学生建立平等、友善、互助的同学关系，组织教职工学习预防、处理学生欺凌的相关政策、措施和方法，对学生开展相应的专题教育，并且应当根据情况给予相关学生家长必要的家庭教育指导。"

《未成年人学校保护规定》第二十二条："教职工应当关注因身体条件、家庭背景或者学习成绩等可能处于弱势或者特殊地位的学生，发现学生存在被孤立、排挤等情形的，应当及时干预。教职工发现学生有明显的情绪反常、身体损伤等情形，应当及时沟通了解情况，可能存在被欺凌情形的，应当及时向学校报告。学校应当教育、支持学生主动、及时报告所发现的欺凌情形，保护自身和他人的合法权益。"

# 22. 实施性侵害、性骚扰 要承担怎样的法律责任

● 案例

最高人民法院发布的未成年人权益司法保护典型案例显示，2013 年至 2019 年，被告人张某某在担任某省某小学教师期间，利用教师身份，先后将多名女学生（均系幼女）带至宿舍内实施奸淫。法院经审理认为，被告人张某某利用教师身份奸淫未成年女学生，奸淫人数多，时间跨度长，罪行极其严重，情节特别恶劣，社会危害性极大，应依法严惩。据此，法院以强奸罪判处张某某死刑。

关于该案的典型意义，最高人民法院指出，被告人张某某身为人民教师，本应为人师表，却利用教师身份，多年持续奸淫多名在校未成年女生，致使被害女生的纯真童年蒙上阴影，对她们的身心健康造成严重伤害，严重践踏了社会伦理道德底线，性质极其恶劣，罪行极其严重，应依法惩处。

人民法院历来对侵害未成年人犯罪案件坚持零容忍态度，尤其是对那些利用自己的特殊身份或者便利条件性侵未成年人的犯罪，坚决依法从严从重惩处，该判处死刑的坚决判处死刑，绝不姑息。

关键词

性侵害
强奸
刑事责任
猥亵
淫秽行为
性骚扰
性暗示
文字信息
色情图片
敏感部位
民事责任

性侵害，是指加害者为满足自身的性需求，违背他人意志，以暴力、胁迫或者其他手段，强行或者引诱胁迫他人与其发生性接触、性交往的不法行为。性侵害一般包括强奸和猥亵两种行为。

其中，强奸是指违背妇女意志，使用暴力、胁迫或者其他手段，强行与妇女发生性交的行为。需要强调的是，我国法律针对不满 16 周岁女童的强奸行为，有以下两点专门规定。其一，行为人明知对方是不满 14 周岁的幼女，而仍然与其发生性关系的（即故意与不满 14 周岁的幼女发生性关系的），无论幼女本人是否同意，无论行为人是否使用了暴力、胁迫或者其他手段，其行为都构成强奸，以强奸罪从重处罚。其二，对已满 14 周岁不满 16 周岁的未成年女性负有监护、收养、看护、教育、医疗等特殊职责的人员，与该未成年女性发生性关系的，构成"负有照护职责人员性侵罪"，处三年以下有期徒刑；情节恶劣的，处三年以上十年以下有期徒刑；有前款行为，同时又构成《中华人民共和国刑法》第二百三十六条规定之罪（即以暴力、胁迫或者其他手段强奸该未成年女性构成强奸罪）的，依照处罚较重的规定定罪处罚。

强奸罪应承担怎样的刑事责任呢？《中华人民共和国刑法》第二百三十六条规定："以暴力、胁迫或者其他手段强奸妇女的，处三年以上十年以下有期徒刑。奸淫不满十四周岁的幼女的，以强奸论，从重处罚。强奸妇女、奸淫幼女，有下列情形之一的，处十年以上有期徒刑、无期徒刑或者死刑：（一）强奸妇女、奸淫幼女情节恶劣的；（二）强奸妇女、奸淫幼女多人的；（三）在公共场所当众强奸妇女、奸淫幼女的；（四）二人以上轮奸的；（五）奸淫不满十周岁的幼女或者造成幼女伤害的；（六）致使被害人重伤、死亡或者造成其他严重后果的。"

● 案例

李某某于 2013 年至 2016 年在担任班主任期间，利用所带班级学生对其班主任身份的畏惧心理，对刘某某等 14 名男性未成年学生，分别在走路时以及在教室、教师办公室、学校卫生间、出租房内等地点，以抚摸、手撸、吸吮生殖器等手段，对学生进行猥亵。案发后不久，法院做出一审判决，被告人李某某犯猥亵儿童罪、强制猥亵罪，获刑16年。

猥亵，是指以刺激或满足性欲为目的，用搂抱、亲吻、抠摸、舌舔、吸吮、手淫、鸡奸等性交以外的方法实施的淫秽行为。猥亵的受害者既包括女性，也包括男性。《中华人民共和国刑法》第二百三十七条规定了"强制猥亵、侮辱罪"，根据这一条文规定，以暴力、胁迫或者其他方法强制猥亵他人（包括女性和男性）或者侮辱妇女的，处五年以下有期徒刑或者拘役；聚众或者在公共场所当众犯前款罪的，或者有其他恶劣情节的，处五年以上有期徒刑。其中，猥亵不满十四周岁的未成年人（包括女童和男童）的，构成猥亵儿童罪，处五年以下有期徒刑；"有下列情形之一的，处五年以上有期徒刑：（一）猥亵儿童多人或者多次的；（二）聚众猥亵儿童的，或者在公共场所当众猥亵儿童，情节恶劣的；（三）造成儿童伤害或者其他严重后果的；（四）猥亵手段恶劣或者有其他恶劣情节的。"

以上介绍了强奸和猥亵两种性侵害行为。再来看看性骚扰。所谓性骚扰，是指以带性暗示的言语或动作，对他人进行不受欢迎的性挑逗或性刺激，引起对方不悦，侵犯他人人格尊严，但尚不构成强制猥亵和强奸的行为。常见的性骚扰行为包括：在异性面前讲黄色笑话或者用污秽的言语对其评头论足；向异性发送带有性暗示、性描写的文字信息；向异性展示色情图片及用品；故意触摸他人身体的敏感部位；对他人动手动脚或者做出低俗下流的动作等。

• 案例

据"极目新闻""中国网教育"等媒体报道，2021年高考结束后，某中学一名中学生反映，其所在学校的教师徐某性骚扰女学生，并与一名学生发生关系。据学生提供的聊天截图，该教师曾给女学生发"我说你今天真火辣""好看，性感，白花花的大腿"等微信消息。8月30日，涉事中学证实教师徐某已离职。当地教育局则回应称，发骚扰信息属实，是否与学生发生关系待调查，涉事教师已被拘留。

那么，性骚扰行为要承担怎样的法律责任呢？根据《中华人民共和国民法典》第一千零一十条的规定，违背他人意愿，以言语、文字、图像、肢体行为等方式对他人实施性骚扰的，受害人有权依法请求行为人承担民事责任。实践中，遭遇他人性骚扰后，受害人可以要求侵权人承担停止侵害、赔礼道歉、赔偿精神损害抚慰金等民事法律责任。对情节严重的性骚扰行为，受害者还可以向公安机关报案，要求追究其治安管理责任。

## 策略·建议

1. 性侵害包括强奸和猥亵两种违法犯罪行为。针对未成年学生的性侵害行为，严重损害学生的身心健康，给受害者带来挥之不去的心理阴影，也败坏了教师的良好形象，社会影响极其恶劣，学校及教职工应当予以高度重视并采取充分的防范措施。
2. 性骚扰，是指以带性暗示的言语或动作，对他人进行不受欢迎的性挑逗或性刺激，引起对方不悦，侵犯他人人格尊严的行为。对他人实施性骚扰，应承担民事责任，情节严重的，应承担治安管理责任。学校及教职工应当采取措施保护在校学生免受性骚扰。

## 相关规定

《中华人民共和国刑法》第二百三十六条之一："对已满十四

周岁不满十六周岁的未成年女性负有监护、收养、看护、教育、医疗等特殊职责的人员，与该未成年女性发生性关系的，处三年以下有期徒刑；情节恶劣的，处三年以上十年以下有期徒刑。有前款行为，同时又构成本法第二百三十六条规定之罪的，依照处罚较重的规定定罪处罚。"

《中华人民共和国民法典》第一千零一十条："违背他人意愿，以言语、文字、图像、肢体行为等方式对他人实施性骚扰的，受害人有权依法请求行为人承担民事责任。机关、企业、学校等单位应当采取合理的预防、受理投诉、调查处置等措施，防止和制止利用职权、从属关系等实施性骚扰。"

# 23. 怎样预防和处置
## 性侵害、性骚扰行为

## ● 案例

最高人民检察院发布的案例显示，张某是安徽省合肥市某小学教师，2019年下半年到2020年10月，他在教室、办公室、家中补习班等场所，多次猥亵班里3名女生。该小学上级管理部门、镇中心学校校长沈某听说此事，与该校副校长钟某，向张某和被害人家长了解情况。学校对张某做出停课处理，并要求张某和家长协商解决，后张某赔偿3名学生各10万元。2020年11月，经群众举报后案发，张某被判处有期徒刑四年。因未履行强制报告义务、瞒报教师侵害学生案件线索，沈某被免职并被给予党内警告处分，钟某被免职并被给予党内严重警告处分。

**关键词**

性侵害

性骚扰

性知识教育

预防性侵害教育

不可触碰区域

入职报告

准入查询制度

从业禁止

法治教育

师德教育

职务行为守则

强制报告制度

未成年学生由于涉世不深，安全意识不强，自护能力较弱，容易成为性侵害案件的受害者。实施性侵害的人，有可能是陌生人，也有可能是熟人，亲属、邻居、学校教师、同龄伙伴等都有可能成为作案者。性侵害案件严重损害学生的身心健康，给受害者带来终身挥之不去的心理阴影，社会影响恶劣，学校应当本着对学生的安全、对教育事业高度负责的精神，建立防范校园性侵害案件的安全管理制度，依法妥善处理未成年学生遭受性侵害案件，保护学生的身心安全与合法权益。

## 一、对学生进行必要的性知识教育和预防性侵害教育

未成年学生对来自教师的性侵害行为之所以较少反抗，除了其敬畏教师、自身力量弱小等原因之外，其性知识较为贫乏、预防性侵害的知识和技能较为欠缺也是重要原因。因此，对学生进行适当的性知识教育和预防性侵害教育十分必要。在教育部颁发的《中小学公共安全教育指导纲要》和《中小学健康教育指导纲要》中，都规定了对中小学生开展必要的性健康知识教育和预防性侵害教育的内容。

学校在对学生进行性教育的过程中，首先，要着力让未成年学生了解隐私权、身体自主权、性侵害的含义，让学生明白身体是自己的，任何人不得随意触碰；自己的身体可以分为"可触碰区域"和"不可触碰区域"，对"不可触碰区域"，特别是隐私处，除父母为自己洗澡或医生检查身体等少数情形外，应当拒绝任何触摸；对让自己感到不舒服、不自在的身体接触，无论对方是谁，都可以拒绝；如果别人摸了自己并授意甚至恐吓自己要"保守秘密"，那么千万别害怕，一定要告诉父母、自己信赖的老师或其他成年人，否则事情只会变得更糟。其次，学校要让未成年学生明白，对未成年人实施性侵害不仅严重损害了他们的身心健康，而且严重触犯了法律，应当受到法律的严惩。再次，学校还应当向未成年学生传授防范性侵害、实施自我保护的知识和技能。例如，教育学生，陌生人和熟人都有可能是性侵害的加害人；外出、上学或回家的路上要结伴而行，不要在无人的地方停留；和异性独处时不能关上房门，不要独自去异性的宿舍；不要轻易接受他人尤其是陌生人的饮料和食品；在他人欲对自己实施性侵害时要大声呼叫，在保证自身安全的情况下可以采取必要的反抗措施；一旦不幸遭受性侵害，要及时告诉家长或老师，同时不要急于清洗身体，要

注意保留相关证据，并按照有关部门的安排及时到医院检查、治疗等。

## 二、严格执行教职工入职报告和准入查询制度，把好教职工入口关

根据最高人民检察院、教育部和公安部联合印发的《关于建立教职员工准入查询性侵违法犯罪信息制度的意见》的规定，中小学校、幼儿园在新招录教职员工前，以及教师资格认定机构在授予申请人教师资格前，应当对应聘人员、申请人员进行性侵违法犯罪信息查询。经过查询，发现应聘者、申请者存在性侵违法犯罪信息的，不得予以录用，或者不予认定教师资格；已经录用的在职人员，应当立即停止其工作，按照规定及时解除聘用合同。

同时，教育部颁布的《未成年人学校保护规定》第三十六条规定："学校应当严格执行入职报告和准入查询制度，不得聘用有下列情形的人员：（一）受到剥夺政治权利或者因故意犯罪受到有期徒刑以上刑事处罚的；（二）因卖淫、嫖娼、吸毒、赌博等违法行为受到治安管理处罚的；（三）因虐待、性骚扰、体罚或者侮辱学生等情形被开除或者解聘的；（四）实施其他被纳入教育领域从业禁止范围的行为的。学校在聘用教职工或引入志愿者、社工等校外人员时，应当要求相关人员提交承诺书；对在聘人员应当按照规定定期开展核查，发现存在前款规定情形的人员应当及时解聘。"

学校应当严格贯彻执行上述相关规定，把好教职工的入口关。

## 三、加强对教师的法治教育、师德教育

平时，学校应当对教师开展专门的法治教育和师德教育，增强教师的法治意识，提升教师的师德水准。除了新任教师上岗前必须接受法治教

育外，学校还应当邀请法律专家定期对教师开展法治讲座，引导教师学习《中华人民共和国教师法》《中华人民共和国未成年人保护法》《中华人民共和国预防未成年人犯罪法》《中小学幼儿园安全管理办法》《学生伤害事故处理办法》《中华人民共和国刑法》《中华人民共和国民法典》等与教师的职业、生活密切相关的法律、法规和规章。通过教育，重点让教师了解普通公民的权利和义务，了解未成年人享有的合法权益以及受到的专门保护，了解教师享有的权利、应承担的义务和责任，从而增强教师的法治观念和模范守法意识，提高其保护学生身心安全的自觉性和主动性。

在预防教职工性犯罪问题上，要让教职工熟悉与性侵害相关的法律条款，了解相关罪名以及违法者将要承担的法律后果，让教职工认识到保护学生免受性侵害的重要性。

此外，学校还应当以《中小学教师职业道德规范》《新时代中小学教师职业行为十项准则》《新时代幼儿园教师职业行为十项准则》为参照标准，强化师德建设，经常性地对教师开展师德教育，并建立相应的考评机制，提升教师的职业道德水准。

## 四、完善教职工日常管理制度，预防教职工做出违法犯罪、违背师德的行为

平时，学校应当根据本校的实际情况，制定教职工职务行为守则，对本校教师和工勤人员在履职期间的言行进行必要的规范，减少、消灭发生意外事件的时空条件，最大限度地保护学生的安全。例如，规定教师应尽量避免与学生发生身体接触（体育课上教师进行个别辅导和保护除外），尤其是对异性学生；对学生进行个别谈话或辅导，只能在教室、会议室、办公室等公共场所进行，且不得关闭房门；在没有第三者在场的情况下，男教师不得在教室、办公室或其他相对封闭的地点单独留下女学生进行谈话或辅导；放学后留置学生应当事先征得学生家长的同意，并通知班主任

或其他主管教师。此外，学校还可通过定期向学生、家长乃至社区开展问卷调查的方式，对教师的教育教学以及师德情况进行评价，从各个方面强化对教师的监督和管理。

## 五、依法妥善处理未成年学生遭受性侵害案件

一旦发生本校学生遭受性侵害案件，学校应当严格按照法律法规和国家的有关规定，妥善进行应急处置，处理好善后事宜。

第一，要严格落实侵害未成年人案件强制报告制度。发现本校未成年学生遭受或者疑似遭受性侵害后，学校应当立即向公安机关报案或举报，同时向上级教育行政部门报告备案，并积极参与、配合有关部门做好侵害学生权利案件的调查处理工作。

第二，不得瞒报、缓报案情，更不能组织双方"私了"。学生遭受性侵害案件发生后，学校不得因为虑及学校声誉受损、领导升迁受阻等，瞒报、缓报案情，甚至力促受害学生的家长与施暴教师进行"私了"，企图将案件"内部消化"。须知对未成年学生进行性侵犯已构成违法犯罪，应当由司法机关进行追诉，追究违法犯罪者的法律责任。学校的瞒报、缓报之举，是对施暴者的袒护和纵容，更是对受害者的冷漠和伤害，是严重不负责任的违法行为。不仅如此，这样的做法还有可能让施暴者在违法犯罪的泥塘中越陷越深，从而让受害学生遭到更大的伤害或导致其他学生受到伤害。按照有关规定，负有报告义务的单位和个人，如果不履行报告职责，造成严重后果的，应当给予相应处分；构成犯罪的，依法追究刑事责任。

第三，要做好对受害学生的保护工作。鉴于性侵害案件的敏感性，学校知情人员应当特别注意保护受害学生的隐私，不得向无关人员泄露受害者的姓名以及相关案情信息，防止其受到多重伤害。此外，由于性侵害案件对受害学生的影响不可能在短期内消除，学校还应当通过适当的方式，在维护孩子隐私与尊严、顾及孩子感受的基础上，在心理上、学业上给予

其更多的关怀和支持，鼓励、帮助其尽快走出阴影，恢复正常的生活。

## 六、建立、完善性骚扰的预防、报告、处置制度

性骚扰行为严重侵犯学生的人格尊严，损害学生的身心健康。学校应当按照规定，通过建立健全教职工与学生交往行为准则、学生宿舍安全管理规定、视频监控管理规定等制度，建立预防、报告、处置性骚扰工作机制。实践中，学校应采取必要措施，预防并制止教职工以及其他进入校园的人员实施以下行为："（一）与学生发生恋爱关系、性关系；（二）抚摸、故意触碰学生身体特定部位等猥亵行为；（三）对学生作出调戏、挑逗或者具有性暗示的言行；（四）向学生展示传播包含色情、淫秽内容的信息、书刊、影片、音像、图片或者其他淫秽物品；（五）持有包含淫秽、色情内容的视听、图文资料；（六）其他构成性骚扰、性侵害的违法犯罪行为。"

### 策略·建议

1. 学校及教师应当按照国家规定，对学生开展必要的性知识教育和预防性侵害教育，提高学生预防性侵害的自我保护意识和自我保护能力。

2. 应当严格执行教职工入职报告和准入查询制度，不得录用具有性侵违法犯罪记录等法律、法规、规章禁止录用的人员，已经录用的在职人员应当按照规定及时予以解聘。

3. 平时应加强对教师的法治教育、师德教育，增强教师的法治观念和模范守法意识，提高其保护学生身心安全的自觉性和主动性。

4. 应当规范教职工与学生交往行为准则，完善教职工日常管理制度，预防教职工做出违法犯罪、违背师德的行为。

5. 一旦发生未成年学生遭受性侵害案件，学校应当严格按照法律法规和国家的有关规定，妥善进行应急处置，依法处理好善后事宜。

6. 应当建立预防、报告、处置性侵害、性骚扰工作机制，保护在校学生免受性骚扰，维护其合法权益。

相关规定

　　《中华人民共和国未成年人保护法》第四十条："学校、幼儿园应当建立预防性侵害、性骚扰未成年人工作制度。对性侵害、性骚扰未成年人等违法犯罪行为，学校、幼儿园不得隐瞒，应当及时向公安机关、教育行政部门报告，并配合相关部门依法处理。学校、幼儿园应当对未成年人开展适合其年龄的性教育，提高未成年人防范性侵害、性骚扰的自我保护意识和能力。对遭受性侵害、性骚扰的未成年人，学校、幼儿园应当及时采取相关的保护措施。"

　　《未成年人学校保护规定》第十八条："学校应当落实法律规定建立学生欺凌防控和预防性侵害、性骚扰等专项制度，建立对学生欺凌、性侵害、性骚扰行为的零容忍处理机制和受伤害学生的关爱、帮扶机制。"

　　《中华人民共和国民法典》第一千零一十条："违背他人意愿，以言语、文字、图像、肢体行为等方式对他人实施性骚扰的，受害人有权依法请求行为人承担民事责任。机关、企业、学校等单位应当采取合理的预防、受理投诉、调查处置等措施，防止和制止利用职权、从属关系等实施性骚扰。"

# 第3章
## 日常事项管理

落实依法治校、依法执教，需要教职工坚守法律底线，将法治思维融入日常教育管理活动中，有温度、有智慧、有原则地管理学生的手机、着装，家委会，家长微信群等。

# 24. 学生携带手机上学怎么办

● 案例

据"江苏新闻"消息，某中学在学生报到时，在校门口的桌子上摆放了一把锤子和一张纸，纸上印着"免费碎手机"的字样。学校工作人员表示："学校不允许孩子带手机进校园，带了可以交给班主任。一旦没有告知老师，自己把手机偷偷拿进学校了，那不好意思，我们就把它砸了。学校给家长赔钱。"此举引发了广泛关注。该校校长表示，此举是为了震慑学生，目前还没有出现把学生手机砸碎的情况。有网友表示支持这样的做法，不带手机，孩子可专心学习，也防止沉迷网络。但也有不少网友认为这样做太极端了。

**关键词**

手机管理

有限带入校园

禁入课堂

统一保管

细化管理措施

通话需求

课堂教学和作业管理

完善校规校纪

暂时扣留

代为保管

教育引导

家校沟通

如何管理学生的手机，这是一个让教师和家长都感到头疼的难题。一些学校由于对学生携带手机问题处理不当，引起了舆论关注、万众围观，引发了师生矛盾、家校冲突，甚至酿成了学生自伤自残的悲剧。那么，学生使用手机到底该怎么管理呢？

第一，要坚决贯彻"有限带入校园，禁入课堂"的原则。根据教育部办公厅于 2021 年 1 月印发的《教育部办公厅关于加强中小学生手机管理工作的通知》的规定，学校应当告知学生和家长，原则上不得将个人手机带入校园；学生确有将手机带入校园需求的，须经学生家长同意、书面提出申请，进校后应将手机交由学校统一保管；禁止学生将手机带入课堂。为此，学校应当依据上述规定，将手机管理纳入学校的日常管理，制定本校学生手机管理的具体规定，细化管理措施。统一保管的场所、保管装置的配备、保管方式、保管责任人等都需要做出明确的规定，并在实践中予以落实，特别要注意防止手机丢失。

第二，要解决学生与家长通话的需求。学生有急事要找家长，或者家长需要紧急联系孩子，这样的情况难以避免，过去有相当一部分这样的需求是通过学生随身携带的手机来实现的，现在要限制学生带手机，就必须考虑到如何解决这一需求。为此，学校可以考虑采取多种人性化措施，给家长和学生提供联系的便捷途径，保障学生合理的通话需求。包括设立校内公用电话，供有需求的学生使用；建立班主任沟通热线，方便家长联系孩子；探索使用具备通话功能的电子学生证等。

第三，要加强课堂教学和作业管理。一方面，教师要规范从教行为，不得携带手机进入课堂，不得在上课期间打电话。另一方面，教师不得用手机布置作业，或要求学生利用手机完成作业，应尽可能减少学生使用手机的机会，强化学校对学生手机管理的效果。

第四，要完善校规校纪，明确对学生违规携带或使用手机的教育、管理办法。如果学生违规携带手机进入学校甚至进入课堂，或者违规在学校里甚至课堂上使用手机，该怎么处理呢？这个问题非常考验学校和教师的教育、管理智慧。个别学校、教师采取简单粗暴的办法，将学生违规携带或使用的手机予以砸毁、丢弃，不仅有违法律和情理，侵犯学生及其家长的财产权，而且容易引发师生矛盾、家校冲突乃至舆情危机。正确的做法应该是，通过事先动员学生、家长共同参与制定、完善有关手机管理的校规，明确规定对学生违规携带、使用手机的具体教育、管理措施，依法、依规处理学生的相关违规行为。例如，校规可以规定，学生违规携带手机进入学校或者课堂的，由班主任将手机暂时扣留并代为保管，并及时告知其父母或者其他监护人，双方共同对学生进行教育，事后手机由家长或者学生本人取回。

第五，要加强教育引导，做好家校沟通。一方面，学校要对学生加强教育引导，通过开学第一课、国旗下的讲话、班团队会、心理辅导、专题讲座、校规校纪等多种教育形式，让学生明白，不当使用手机，不仅容易导致自控力较差的学生沉迷其中，浪费时间，影响学习，而且还会带来一系列身心健康问题，例如视力下降，影响睡眠，记忆力衰退，可能接触到黄、赌、毒等不良信息等。通过教育引导，让学生认识到过度使用手机的危害，科学理性对待并合理使用手机，提高信息素养和自我管理能力，筑牢思想防火墙。另一方面，学校要做好家校沟通工作，通过召开家长会、家访、发放致家长的一封信等方式，向家长讲清过度使用手机的危害性、加强管理的必要性以及学校具体的管控措施，督促家长履行监护职责，加强对孩子使用手机的监督管理，形成家校协同育人合力。

## 策略·建议

1. 学校应当严格贯彻学生手机"有限带入校园，禁入课堂"的原则，并制定具体的管理规定，细化管理措施。

2. 平时应当通过设立校园公用电话、建立班主任沟通热线等途径，满足学生与家长之间的沟通需求。

3. 要加强课堂教学和作业管理，不得用手机布置作业或要求学生利用手机完成作业。

4. 要完善校规校纪，明确对学生违规携带或使用手机的教育、管理办法，依法依规处理学生违规行为，避免采取简单粗暴的管理办法。

5. 要加强对学生的教育引导，让学生科学理性对待并合理使用手机，提高自我管理能力。还要加强与家长的沟通交流，明确家长对孩子使用手机的监督管理职责，形成家校协同育人合力。

## 相关规定

《中华人民共和国未成年人保护法》第七十条："学校应当合理使用网络开展教学活动。未经学校允许，未成年学生不得将手机等智能终端产品带入课堂，带入学校的应当统一管理。学校发现未成年学生沉迷网络的，应当及时告知其父母或者其他监护人，共同对未成年学生进行教育和引导，帮助其恢复正常的学习生活。"

《未成年人学校保护规定》第三十三条："学校可以禁止学生携带手机等智能终端产品进入学校或者在校园内使用；对经允许带入的，应当统一管理，除教学需要外，禁止带入课堂。"

《未成年人学校保护规定》第三十四条："学校应当将科学、文明、安全、合理使用网络纳入课程内容，对学生进行网络安全、网络文明和防止沉迷网络的教育，预防和干预学生过度使用网络。"

# 25. 学生的着装、发型、妆饰管理，宜疏导而不宜过度强制

● 案例

据《千山晚报》报道，某中学春季学期开学第一天，高三学生张立（化名）因为发型不符合学校要求，上学时被教师挡在了校门外。据张立说，当天早晨因为染发、头发长、涂了睫毛膏等原因被挡在校门外的学生有80多人，男生、女生都有，男生居多。对此，有的学生觉得只要不影响学习，头发是长是短，那是自己的事。有家长认为，学校因为发型不合格就不让学生进教室，已经影响到了孩子的学习。也有家长支持学校的做法，但觉得如果学校可以用其他方式进行教育，效果会更好。而校方则称，根据学生守则，学校多次提出要求，让学生注意仪容仪表。有的学生头发长，学校让其理完发再进校门，因为开学第一天上午9点50分才正式上课，理发并不影响学生正常上课。

为了增强学生的集体归属感和团队意识，树立当代学生健康向上的文明形象，让学生专注于学习而避免过分注重着装打扮，也为了方便学校施行集中统一管理、维持良好的校园秩序，各所学校往往会对学生的着装、

发型、妆饰问题提出一些统一的规定和要求，这原本无可厚非。根据《中华人民共和国教育法》第四十四条的规定，受教育者应当遵守学生行为规范和所在学校的管理制度。不少学校的校规也规定，学生应做到"穿戴整洁、朴素大方，不烫发，不染发，不化妆，不佩戴首饰，男生不留长发，女生不穿高跟鞋"。这些都为学校的相关管理行为提供了依据。

但是，青少年学生正处于思想活跃、个性彰显的成长阶段，他们的审美眼光、审美情趣并不总是契合学校与父母师长的要求，他们有自己的思想，有自己的判断标准。如果学校和教职工为了追求整齐划一的效果，片面强调令行禁止，管理方式简单粗暴，则很容易引发激烈的师生矛盾甚至家校冲突。要知道，学生留长发、染发、穿耳、戴耳环、着奇装异服等行为，可能会与学校的规章制度相违背，不利于学校的统一管理和教育。但从法律上看，学生的上述行为并不违法，也不会危害社会公共利益或侵犯他人的合法权益，甚至不会妨碍学校的教育教学秩序，它们属于人人得而享有的自由权的范畴。之所以被学校否定，仅仅是因为它们不符合学校的某种教育理念，不符合流水线式的统一管理要求。如果学校在管理过程中用力过猛，则有可能侵犯学生的人身权、财产权、受教育权等合法权益。

因此，对学生的着装、发型、妆饰管理，宜疏导，不宜过度强制。实践中，应特别注意防范下面几种侵权行为。

第一，要防范在着装管理过程中发生侵权。学生的着装，应当遵循"朴素、大方、整洁、得体"的原则，体现学生的年龄和身份特点，体现学生朝气蓬勃、奋发向上的精神面貌。对违反着装规定的学生，学校可以给予口头批评教育，并扣除其所在班级文明评比的分数。对屡次违反规定的学生，学校可以按照校规对其实施教育惩戒，并要求其家长配合校方做好学生的教育工作。但是，学校和教师不得禁止其入校，不得令其回家换装，不得让其停课，不得强行脱去其身上的服装或令其当众换装，不得实施其他侵犯学生人格尊严权和受教育权的行为。

第二，要防范在发型管理过程中发生侵权。学生的发型应当简便、整洁、自然、长短适中，符合学生身份，体现朝气蓬勃的精神面貌。对违反发型规定的学生，学校可视情况采取口头批评教育、责令限期改正、扣除所在班级文明评比的分数等教育、管理措施，或者依据校规对其实施教育惩戒。但不得禁止其入校，不得耽误其正常上课，不得强行剪去其头发，不得实施其他有损学生人格尊严或侵犯其受教育权的行为。对违规的学生，应当着重通过加强思想教育的方式帮助其认识错误、改正错误，必要时可通知其家长配合学校做好教育工作。

第三，要防范在妆饰管理过程中发生侵权。学校可以规定，学生在上学期间不得佩戴首饰，不得化妆，不得文身、绘身，不得在体表粘贴文身贴，不得实施其他与学生身份不符的化妆打扮行为。一旦学生违规，学校和教师应当通过耐心的思想教育，说服其摘下配饰，或者让其利用课余时间进行改正。学生的妆饰可能危及自身或他人人身安全与健康的，有损民族尊严、公众感情的，或者损害民族团结、伤害宗教信徒感情的，学校应当及时采取应急处置措施，保护学生的人身安全，防止产生不良的社会影响。

总而言之，在管理学生的着装、发型、妆饰过程中，学校应当在统一管理与尊重学生的个性自由、严格执行校规校纪与保护学生的法律权利之间找到平衡，禁止采用过度强制的管理手段，避免侵犯学生的合法权益。

## 策略·建议

1. 学生在着装、发型、妆饰的选择问题上享有法律上的自由，但学校亦有权依法制定校规对学生进行必要的管理，以保障教育目的的实现。

2. 学生的着装、发型、妆饰问题，本质上是思想、认识问题，学校和教师应当通过耐心说服教育和引导，实现教育和管理目的。

3. 不要为了执行校规、应付上级检查，而采取不让学生上课、强行剪去学生的长发、强制学生脱去不符合要求的服饰等强制管理方式，要注意避免侵犯学生的受教育权、人身权和财产权等合法权益。

**相关规定**

《中华人民共和国教育法》第四十四条："受教育者应当履行下列义务：（一）遵守法律、法规；（二）遵守学生行为规范，尊敬师长，养成良好的思想品德和行为习惯；（三）努力学习，完成规定的学习任务；（四）遵守所在学校或者其他教育机构的管理制度。"

《未成年人学校保护规定》第十一条："学校应当尊重和保护学生的受教育权利，保障学生平等使用教育教学设施设备、参加教育教学计划安排的各种活动，并在学业成绩和品行上获得公正评价……"

《未成年人学校保护规定》第十四条："学校不得采用毁坏财物的方式对学生进行教育管理，对学生携带进入校园的违法违规物品，按规定予以暂扣的，应当统一管理，并依照有关规定予以处理……"

# 26. 教师该怎样处理和家委会的关系

• 案例

据"澎湃新闻"报道，2022年9月开学后，一位网友通过人民网领导留言板反映，其是某小学的家长，孩子今年读五年级。他们班今年换教室，班级的家委会组织收款重新装修教室，让每个家长交300元。9月6日，当地教育体育局回复称，"经核查，您反映的问题属实"。本学期开学前，该小学经校务会研究决定，将五年级学生的教室由三楼换到了四楼，五年级某班家委会成员郭某某、李某、贾某看到教室墙壁和学生的阅览柜旧了，就想维修翻新一下，在没有和班主任沟通商量的情况下，在没有班主任的家长群里接龙征求家长意见，收取了部分家长的费用，共计12000多元。目前该笔费用尚未使用，已全部退还，教室墙壁和学生的阅览柜未进行维修翻新。

关键词

家长委员会
民主管理
社会监督
家校合作
多元共治
家委会职责
参与学校管理
参与教育工作
沟通学校与家庭
指导和监督职责

教育体育局针对该小学在班级管理中存在的违规收费及对家委会监管不力问题做出以下处理：（1）立即责令家委会退还向家长收取的所有费用。（2）责令班主任做出书面检查，全校通报批评。（3）学校对分管副校长、班主任进行提醒谈话，避免此类事情再次发生。

家长委员会是由学生家长代表组成，代表全体家长参与学校民主管理，支持和监督学校做好教育发展工作的群众性自治组织，是学校联系广大学生家长的桥梁和纽带。各所学校都应按照规定成立校级家长委员会，并可成立年级家长委员会、班级家长委员会（本书统称"家委会"）。建立和完善家委会制度，对发挥家长作用，促进家校合作，优化育人环境，建设现代学校制度，全面落实立德树人根本任务具有十分重要的意义。《教育部关于建立中小学幼儿园家长委员会的指导意见》中提出，要把家长委员会作为建设依法办学、自主管理、民主监督、社会参与的现代学校制度的重要内容，作为发挥家长在教育改革发展中积极作用的有效途径，作为构建学校、家庭、社会密切配合的育人体系的重大举措。

当前由于各种原因，一些学校的家长委员会在履行职责方面出现了偏差，甚至出现了违规违法行为。例如，组织家长给教师送礼，让家长集资给教室安装空调，违规收取大额班费，以家委会名义组织学生开展有偿补课，违规组织"谢师宴"等。这些做法扰乱了教育管理秩序，损害了广大学生及家长的合法权益，助长了不良社会风气，引发了汹涌的民愤，也玷污了学校和教师的形象，干扰了学校的正常教育教学活动，扭曲了家委会的正常职能。

那么，学校、教师和家委会之间到底是什么关系呢？有些人认为，家委会是学校、班主任的工具，是"传声筒"，甚至是学校和教师的"白手套"，凡是学校和教师自己不方便做、不能做但是有利可图的事情，例如向学生及家长违规收取各种费用，都可以让家委会以其名义去做。这是对家委会性质和职能的严重歪曲。家委会虽然受学校指导和监督，但它并不隶属于学校，跟学校之间并非上下级关系、领导与被领导关系。按照依法治校的要求，家委会是学校治理结构多元共治当中的"一元"（或者"一级"），代表家长们共同参与学校的治理，体现了民主管理与社会监督的治校理念和规则。

根据《教育部关于建立中小学幼儿园家长委员会的指导意见》的规

定，家委会的职责主要包括以下三个方面。

一是参与学校管理。包括对学校工作计划和重要决策，特别是事关学生和家长切身利益的事项提出意见与建议；对学校教育教学和管理工作予以支持，积极配合；对学校开展的教育教学活动进行监督，帮助学校改进工作。

二是参与教育工作。包括发挥家长的专业优势，为学校教育教学活动提供支持；发挥家长的资源优势，为学生开展校外活动提供教育资源和志愿服务；发挥家长自我教育的优势，交流宣传正确的教育理念和科学的教育方法。

三是沟通学校与家庭。包括向家长通报学校近期的重要工作和准备采取的重要举措，听取并转达家长对学校工作的意见和建议；向学校及时反映家长的意愿，听取并转达学校对家长的希望和要求，促进学校和家庭的相互理解。

可见，虽然家委会与学校的目标是一致的，都是为了孩子，但家委会履行职责是根据国家的规定和自身的宗旨，而不是学校的命令和要求，履职的过程不受学校的控制和指挥。最重要的是，家委会只能做该做的，不得做不该做的，学校和教师不得暗示或者直接要求家委会去做自身职责之外的事情，否则家委会就会走入误区甚至误入歧途，丧失其应有的作用和价值，相关责任人也必然会受到相应的追究。

还有一些人认为，家委会是家长们自己的组织，学校、教师没必要去管它，也管不了它，出了问题由它自己承担责任，跟学校、教师没有关系。这一认识同样是错误的。家委会虽然是独立的家长自治组织，但它并不能脱离学校而存在，是依托学校而成立的，学校对其负有指导和监督的职责。学校虽然不能干涉家委会独立履职，但是有义务组织、指导家长们成立家委会，并对其开展活动、履行职责进行指导和监督。

具体来讲，学校及教师的这一指导和监督职责主要表现在以下几个方面。

首先，要组织、指导家长们成立家委会。各所学校应当指导、协助家长们按照民主程序，遵循自愿、公正、公平、公开的原则，选举出能代表全体家长意愿的在校学生家长组成各级家长委员会。已经毕业或离校学生的家长，应当自动退出家委会，学校、教师应当督促、协助家委会及时组织补选。对不称职、不能正确履职的家委会成员，学校应当督促家委会按照章程及时予以更换。

其次，要协助家委会完善章程、决策机制和办事程序。家委会的章程、重大事项的决策程序以及日常工作制度，都需要在学校和教师的指导下制定和完善，要让家委会的运行真正做到有章可循。特别是为了确保家委会能够依法依规履行职责，学校和教师应当指导家委会制定履职负面清单。例如，严禁借家委会名义，为家委会成员或其利害关系人敛财谋利；严禁家委会以任何名义向教师赠送礼金礼品和有价证券；严禁家委会组织"谢师宴"、毕业聚会聚餐等活动；严禁以家委会名义要求或组织购买教辅资料；严禁以家委会名义进行强制捐赠或摊派教学用品或设备设施，以及违规采购物品；严禁以家委会名义违规办班、补课和进行有偿家教；严禁家委会组织教师参加有违师德师风的活动和私自组织学生参加校外活动；等等。

再次，要对家委会平时开展活动和履行职责进行监督。学校领导、年级组长、班主任应当加入相应的家委会通信联络组群，加强对家委会的指导和监管。家委会开展重大活动，应当提前通报学校领导或相应的年级组长、班主任。发现家委会组织、实施违规行为的，学校和教师要及时予以制止，责令其消除不良后果。通过强化指导和监督，确保家委会依法履行各项职责。

策略·建议

1.学校应当按照国家有关规定，组织、指导、协助本校学生家长成立校级、年级、班级家长委员会。

2. 学校应当为各级家委会提供必要的办公场所和办公设备，为其开展工作提供必要的人力、物力和财力保障。

3. 平时，学校、年级和班级负责人应当对各级家委会开展工作、履行职责进行指导和监督，发现家委会实施违规行为的，要及时予以制止和纠正。

相关规定

　　《教育部关于建立中小学幼儿园家长委员会的指导意见》："……建立家长委员会，要发挥学校主导作用，落实学校组织责任，纳入学校日常管理工作；要尊重家长意愿，充分听取家长意见，调动家长的积极性和创造性；要根据学校发展状况和家长实际情况，采取灵活多样的组织方式，确保家长委员会工作取得实效……"

# 27. 管理家长微信群，需要一点儿法律意识

## • 案例 1

据《华商报》报道，有家长反映，某小学有一名教师在家长微信群里发布多名学生被罚站的照片，起因是孩子没完成作业。该家长抱怨："孩子犯了错，老师就能把罚站照片随便发到家长群里？照片中孩子都快哭了，看着非常心疼，严重影响孩子心灵。"随后，学校对此做出了回应。学校负责人表示，经过调查发现，该校某班班主任确实存在将孩子照片随意发布在微信群里的行为，对此学校已经提出批评，"老师本身没有一点儿恶意，只是在沟通手段上欠妥，希望家长谅解"。在当天下午召开的临时家长会上，该班班主任已就此事向参会家长做出了说明，并向涉事家长正式道歉。有律师表示，老师的做法已经侵犯了未成年人的隐私权和名誉权。

## 关键词

家长微信群
群主
群组管理责任
群规
违反法规政策
侵害学生权益
在群里交作业
发布学生成绩
诈骗
收费信息

## • 案例 2

据"泉州网警巡查执法"公众号消息，2022年3月22日，某学校的一个家长群中，一名"老师"突然发消息，通知学生家长缴纳学习资料费398.60元，且要求每个家长尽快扫码付款，付款后将截图发到群里。事关

孩子的学习，可不能耽误，家长们很快响应起来，几分钟时间，已有多名家长扫码转账。就在家长们热火朝天扫码的时候，群里另一名老师点击收款"老师"的头像查看资料，发现其微信号和之前的不同，赶紧让家长们注意，并马上和正在上网课的老师联系核实，确认了这是场骗局后，马上在群里叫停。此时，共有 6 名家长完成了转账，合计被骗 2000 余元。

为了方便联系家长，提高家校沟通的效率，很多学校和班级都建立了家长微信群（以下简称"家长群"）。然而，教师、家长们在享受技术提供的便捷服务的同时，也受到了一些违规、违法行为的侵扰和伤害。为此，一些教师感到身心俱疲，一些家长甚至呼吁解散家长群。那么，家长群到底该怎样管理，才能更好地服务于家校双方，并降低乃至杜绝其负面效应呢？关键是家长群的"群主"要树立法治意识，规范对群的管理。

## 一、制定群规，规范群成员的发言和互动行为

家长群一般是由各班班主任建立的，因此班主任就是"群主"，对群负有管理职责。按照法律规定，"谁建群谁负责""谁管理谁负责"，互联网群组建立者、管理者应当履行群组管理责任，依据法律法规、用户协议和平台公约，规范群组网络行为和信息发布，构建文明有序的网络群体空间。群主没有尽到管理职责而导致不良后果的，应承担相应的责任。

由于家长群是一个虚拟空间，没有线下交流所面临的各种顾忌和限制，一些群成员容易"放飞自我"，做出失格行为。比如，在群里自我炫耀或者对教师极力溜须拍马，发布各种商业广告或其他跟学生学习无关的信息，跟其他群成员发生争执甚至对骂，发布各种违法违规的信息等。为了保证家长群的安全和维护群成员的合法权益，班主任应当及时制定群规则，约束群成员的行为。例如，可以规定：本群为家校联系工作平台，主要用于班主任和任课教师发布与学校、班级、学生相关的各项通知和信

息；为方便沟通交流，新成员进群后请把群昵称改为"孩子姓名＋爸爸／妈妈"；为了保护孩子的人身与财产安全，群里的家长不要私拉非本班家长进群；不要在群里发布广告、求助、募捐等与学生学习无关的信息，不得发布违法违规、违背公序良俗的信息；对教师发布的通知，如果教师没说要回复，请不要回复，如果要求回复就回"收到"，不要进行评论，以免淹没重要的信息；如果孩子之间发生摩擦和纠纷，家长不要在群里指责和争吵，请及时和班主任电话联系，沟通解决；为了不影响其他家长休息，晚上 10 点后不要在群里发任何信息；等等。家长群规则制定后，班主任要引导大家严格遵守，对个别人做出的违反群规的行为，要及时予以规劝和制止。

## 二、教师不得在群里发布违反国家法规政策、侵犯学生合法权益的信息

家长群作为家校沟通联络的一个公共平台，不能只是单方面约束家长的行为，同时也要约束群里各位教师的行为。教师在家长群里发布信息务必谨慎，避免发生违法违规或侵权行为。例如，按照国家和一些省市的政策文件规定，教师不得通过家长群布置作业，或者将批改作业的任务交给家长；不得要求学生和家长在群里交作业、打卡；不得在群里组织、推荐家长征订教辅资料，购买电子产品等商品；不得在群里组织家长和学生参加网络投票、发红包等活动。又如，教师在群里发布学生的学习成绩或排名，涉嫌侵犯学生的隐私权；发布学生被罚站或接受教育惩戒的照片，可能侵犯学生的肖像权、名誉权；在群里点名批评个别学生，可能侵犯学生的人格尊严。对此，群里的教师应当树立法治观念和规则意识，避免实施上述行为。

## 三、防范不法分子混入家长群实施诈骗

近年来，屡有骗子冒充学生家长混入家长群，在了解、摸清群里的教师活动规律后，趁教师休息或上课的时间，盗用教师的微信头像，而后冒充教师发布虚假的收费信息，骗取家长缴纳的钱款后迅速退群逃走，导致不少家长蒙受经济损失。为了防范此类诈骗行为，班主任和任课教师应当采取相应的防范对策。例如，作为"群主"的班主任应当及时对群成员的身份进行核查，对身份存疑的要尽快清除出群，并启动入群验证功能，避免陌生人随意加入家长群；平时应当教育、提醒家长增强安全防范意识，保护好自己及孩子的个人信息，以免造成信息泄露，给犯罪分子可乘之机；提醒家长收到"交费""转账"等信息通知后，可通过电话、视频等方式与学生、教师多方核实，不要急于转账、汇款；告诉家长一旦发现被骗，应保存好证据并及时报警。

### 策略·建议

1. 家长群是家校沟通联络的公共平台，班主任在建群后要及时制定群规则，规范群成员在群里的发言和互动行为。

2. 家长群里的教师应当增强法治意识，遵守国家的法律和政策规定，避免在群里发布违法违规、侵犯学生合法权益的信息内容。

3. 为了保护学生的人身和财产安全，班主任要开启家长群的入群验证功能，核实群成员的身份，及时将可疑人员清除出群，平时还应提醒家长要对群里发布的收费信息保持警惕，防范不法分子实施诈骗。

**相关规定**

　　《互联网群组信息服务管理规定》第九条："互联网群组建立者、管理者应当履行群组管理责任，依据法律法规、用户协议和平台公约，规范群组网络行为和信息发布，构建文明有序的网络群体空间。互联网群组成员在参与群组信息交流时，应当遵守法律法规，文明互动、理性表达。互联网群组信息服务提供者应为群组建立者、管理者进行群组管理提供必要功能权限。"

　　《互联网群组信息服务管理规定》第十条："互联网群组信息服务提供者和使用者不得利用互联网群组传播法律法规和国家有关规定禁止的信息内容。"

# 28. 向学生收费须依法依规，不得违规乱收费

● 案例 1

全国治理教育乱收费部际联席会议办公室印发的《关于6起学校违规收费典型问题查处情况的通报》显示，2018年9月起，某中学共12个班，566名学生参加"平板教学"。学校要求学生购买某教学系统APP，每名学生三年共计收取5998元。该校违反了"不得强制或者暗示学生及家长购买指定的教辅软件或资料"的规定。不久，该校将违规收取的费用全部清退。当地纪委给予该中学主要负责人党内严重警告处分，给予教体局分管负责人党内警告处分；当地监委给予教体局电教教仪股负责人记过处分。

| 关键词 |
| --- |
| 教育收费 |
| 乱收费 |
| 服务性收费 |
| 代收费 |
| 收费项目 |
| 收费标准 |
| 收费范围 |
| 自愿原则 |
| 非营利原则 |
| 收费公示制度 |

● 案例 2

重庆市民徐先生通过国务院"互联网＋督查"平台反映，某县某小学涉嫌乱收费。经重庆市政府核查，群众反映情况属实，该小学2020年秋季学期违规向学生收取了3项费用。

一是保险费50元。学校部分班主任违规通过家长群通知购买保险事宜，832名学生家长按照每人每学期50元的标准向某保险公司购买了保

险，违反了教育部等部门"严禁各级各类学校代收商业保险费，不得允许保险公司进校设点推销、销售商业保险"的规定。

二是教辅资料费。学校对某书店向学生推荐教辅资料行为未及时制止，放任书店到校统一配送资料。全校832名学生购买该书店推荐教辅资料（一、二年级为每人96.80元，三年级为每人170.30元，四年级为每人175.30元，五、六年级为每人178.50元），增加了学生课业负担和家庭经济负担。

三是慈善爱心捐款10元。学校在落实县委办公室、县政府办公室下发的《关于切实做好2020年腾讯"99公益日"慈善活动倡议工作的通知》上方法简单，搞"一刀切"，没有充分遵循自愿原则。832名学生按照每人10元的标准捐助慈善基金，捐助资金由各班委会汇入教育基金会账户。

针对该小学教育收费存在的违规问题，重庆市责成该县严肃整改，学校及相关责任人受到了相应的处理。

对向学生及家长收取费用的问题，国家向来高度重视，先后出台了《关于规范中小学服务性收费和代收费管理有关问题的通知》《关于进一步加强和规范教育收费管理的意见》《中小学校财务制度》等多个政策文件予以规范。学校和教师向学生及家长收取费用，应当严格遵守国家及地方有关文件关于教育收费项目、收费范围和收费标准的规定，不得违规乱收费。

目前，中小学收费项目包括学费、住宿费（前两者属于行政事业性收费）、服务性收费和代收费。按照规定，公办义务教育学校不收取学费、杂费。公办普通高中学费、公办中小学住宿费实行政府定价；非营利性民办中小学校学费、住宿费，实行政府指导价，营利性民办普通高中学校的学费、住宿费，实行市场调节价。

服务性收费是指学校在完成正常的教学任务外，为在校学生提供由学生或学生家长自愿选择的服务而收取的费用，一般包括伙食费、补办证卡工本费、课后服务费。代收费是指学校为方便学生在校学习和生活，在学生或学生家长自愿的前提下，为提供服务的单位代收代付的费用，一般包括教材费、作业本费、教辅材料费、校服费、研学实践费、校外活动费、学生健康体检费、城镇居民基本医疗保险费。

需要注意的是，农村义务教育学校、城市义务教育学校和普通高中学校在住宿费、服务性收费和代收费方面的要求，一般会有所区别。例如，根据湖南省发改委、教育厅等部门于 2022 年 8 月印发的《关于进一步明确我省中小学教育收费政策的通知》的规定，农村地区义务教育阶段学校根据学生自愿原则，除按规定向学生收取伙食费（含饭菜加热服务费或大米加工服务费）、作业本费、教辅材料费、课后服务费、校服费外，严禁收取其他任何费用；城市义务教育阶段学校，除农村义务教育阶段学校可收取的费用外，还可在坚持学生自愿原则的前提下，向接受相关服务的学生收取住宿费、补办证卡工本费、研学实践费和校外活动费，除此之外，不得另收其他费用；普通高中学校，除可收取城市义务教育阶段学校可收取的费用外，还可按规定收取学费、教材费和学生健康体检费，不得另收其他费用。违反规定超范围、超标准向学生及家长收取费用的，即构成教育乱收费。

目前，一些学校实施的教育乱收费主要集中在违规收取服务性收费和代收费方面。例如，在全国治理教育乱收费部际联席会议办公室印发的《关于 6 起学校违规收费典型问题查处情况的通报》中，有学校强制学生购买平板电脑违规收费；有学校违规跨学期、超标准收取学费、住宿费，违规收取公物押金费、军训服装费、保险费、体检费、教辅资料费；有学校违规向学生收取饮水费、兴趣课费用。在国务院"互联网 + 督查"平台通报的一批学校涉嫌乱收费案例中，有学校违规向学生收取"智慧课堂电子书包班"费用；有学校违规收取月考试卷复印费、水费等。这些教育乱收费行为都违反了国家和地方的相关规定，加重了学生及家长的负担，损害了教育公平。

实践中，学校、教师在向学生及家长收取费用过程中，应当遵循以下原则和要求。

第一，不得擅立收费项目、擅自提高收费标准和扩大范围收费。按照规定，学校不得以服务性收费和代收费名义向学生乱收费，不得擅自设立收费项目、违规制定收费标准和超范围收费。中小学按照国家和本地区课程改革要求安排的教育教学活动、教学管理范围内的事项，不得列入服务性收费和代收费事项。严禁将讲义资料、试卷、电子阅览、计算机上机、取暖、降温、饮水、校园安全保卫等作为服务性收费和代收费事项。

第二，坚持自愿原则和非营利原则。学校按照规定收取服务性收费和代收费，必须坚持学生或学生家长自愿原则。严禁强制或变相强制提供服务并收费。严禁将服务性收费和代收费与行政事业性收费一并收取。还必须坚持非营利原则，按学期或按月据实结算，多退少不补。学校和教师在为学生服务、代办有关事项的过程中不得获取任何经济利益，不得收取任何形式的回扣。确有折扣的，须全额返还学生。

第三，严格执行教育收费公示制度。学校应当在招生简章和入学通知书中注明有关服务收费和代收项目、标准及批准收费的文号，并通过学校公示栏、公示牌、公示墙等方式对服务性收费和代收费项目、标准、收费资金的使用情况与投诉电话等进行公示，主动接受学生、家长和社会的监督，增强学校收费的透明度。按规定应公示而未公示内容或公示内容与政策规定不符的，不得收费。

## 策略·建议

1. 学校、教师向学生收取任何费用，均应严格遵守国家及地方有关文件关于教育收费项目、收费范围和收费标准的规定，不得擅立收费项目、擅自提高收费标准和扩大范围收费。

2. 向学生及家长收取服务性收费和代收费，必须坚持学生或学生家长自愿原则和非营利原则，不得强制提供服务并收费，不得获取任何经济利益。

3. 平时要严格执行教育收费公示制度，未经公示不得收费。

**相关规定**

《关于进一步加强和规范教育收费管理的意见》："……学校服务性收费和代收费具体政策，由各省制定。国家已明令禁止的或明确规定由财政保障的项目不得纳入服务性收费和代收费，学校不得擅自设立服务性收费和代收费项目，不得在代收费中获取差价，不得强制或者暗示学生及家长购买指定的教辅软件或资料，不得通过提前开学等形式或变相违规补课加收相关费用。校内学生宿舍和社会力量举办的校外学生公寓，均不得强制提供相关生活服务或将服务性收费与住宿费捆绑收取。学校自主经营的食堂向自愿就餐的学生收取伙食费，应坚持公益性原则，不得以营利为目的……"

# 29. 廉洁从教，不参与有偿补课，不收受家长财物

● 案例 1

教育部公开曝光的第九批违反教师职业行为十项准则典型案例显示，2021年7月，某市 X 中学教师李某以及 Y 中学教师杨某某、邵某某参与校外违规有偿补课。这3名教师的行为违反了《新时代中小学教师职业行为十项准则》第十项规定。根据《事业单位工作人员处分暂行规定》《中小学教师违反职业道德行为处理办法（2018年修订）》等相关规定，给予李某通报批评，年度考核不合格，调离原工作岗位，取消评奖评优、职务晋升、职称评定等资格处理，责令其所在学校主要负责人做出书面检查；给予杨某某、邵某某警告处分和通报批评，年度考核不合格，调离原工作岗位，取消评奖评优、职务晋升、职称评定等资格处理，责令其所在学校主要负责人做出书面检查，对学校负责人进行批评教育，降低2020学年学校发展性考核档次。

**关键词**

有偿补课
应试教育
课业负担
介绍生源
提供学生信息
收受礼品礼金
参加宴请
推销图书

● 案例 2

教育部公开曝光的第八批违反教师职业行为十项准则典型案例显示，某中学陈某等9名教师参加初三毕业班学生聚餐，并收受了价值人均400

多元的礼品，费用均由学生家长分摊，事后退还了礼品和餐费。这9名教师的行为违反了《新时代中小学教师职业行为十项准则》第九项规定。根据《中小学教师违反职业道德行为处理办法（2018年修订）》等相关规定，取消这9名教师当年评奖评优资格，降低年度绩效考核等次，对其中1名党员教师给予诫勉谈话，对其他8名教师给予批评教育；对分管校领导和年级负责人做出停职处理。

前些年，中小学教师有偿补课以及违规收受学生及家长礼品礼金问题日益突出，人民群众对此反映强烈，其中有偿补课问题曾经连续6年高居信访首位，违规收受礼品礼金问题也引起群众的极大不满，深入解决教育领域存在的"四风"问题已经刻不容缓。为此，教师要充分认识到有偿补课和违规收受礼品礼金问题的危害性。其中，有偿补课与全面贯彻党的教育方针和立德树人根本任务背道而驰，助长了应试教育之风，加重了学生的课业负担，也加重了家长的经济负担，滋生了教育腐败。个别教师热衷于有偿补课，耽误了学校的本职工作，影响了教育教学质量，败坏了校风校纪。还有个别教师利用职务之便，诱导、强迫所教学生参加有偿补课，败坏了师德，破坏了教育公平。而违规收受学生及家长礼品礼金问题虽然只是发生在少数教师身上，但严重损害了人民教师整体形象和教育行业声誉，助长了教育领域的不正之风，破坏了风清气正的育人环境，影响了立德树人根本任务的落实。禁止中小学教师有偿补课以及违规收受学生及家长礼品礼金行为，是加强中小学师德师风建设的需要，是大力推进素质教育、切实减轻学生学业负担的需要，也是坚决纠正人民群众反映强烈的教育行风问题、努力办好人民满意的教育的需要。

## 一、有偿补课的行为表现和法律责任

那么，中小学教师有偿补课有哪些具体的行为表现，要承担怎样的责任、受到怎样的处罚呢？教育部印发的《严禁中小学校和在职中小学教师有偿补课的规定》，对有偿补课问题画出了 6 条"红线"：一是严禁中小学校组织、要求学生参加有偿补课；二是严禁中小学校与校外培训机构联合进行有偿补课；三是严禁中小学校为校外培训机构有偿补课提供教育教学设施或学生信息；四是严禁在职中小学教师组织、推荐和诱导学生参加校内外有偿补课；五是严禁在职中小学教师参加校外培训机构或由其他教师、家长、家长委员会等组织的有偿补课；六是严禁在职中小学教师为校外培训机构和他人介绍生源、提供相关信息。

按照规定，各地教育部门要将在职教师是否组织或参与有偿补课，作为年度考核、职务评审、岗位聘用、实施奖惩的重要依据，实行一票否决制。中小学校领导要带头执行规定，坚决杜绝学校组织或参与有偿补课行为，并加强对教师从教行为的管理。积极构建学校、教师、学生、家长及社会广泛参与的监督体系，畅通和公开举报渠道，主动接受社会监督。对违规实施有偿补课的中小学校，视情节轻重，相应给予通报批评、取消评奖资格、撤销荣誉称号等处罚，并追究学校领导责任及相关部门的监管责任。对违规实施有偿补课的在职中小学教师，视情节轻重，分别给予批评教育、诫勉谈话、责令检查、通报批评直至相应的行政处分。

## 二、违规收受礼品礼金的行为表现和法律责任

教师违规收受学生及家长礼品礼金，有哪些具体的行为表现，应当承担怎样的责任、受到怎样的处罚呢？教育部印发的《严禁教师违规收受学生及家长礼品礼金等行为的规定》，对违规收受礼品礼金问题画出了 6 条"红线"：一是严禁以任何方式索要或接受学生及家长赠送的礼品礼金、有价证券和支付凭证等财物；二是严禁参加由学生及家长安排的可能影响考试、考核评价的宴请；三是严禁参加由学生及家长安排支付费用的旅游、健身休闲等娱乐活动；四是严禁让学生及家长支付或报销应由教师个人或

亲属承担的费用；五是严禁通过向学生推销图书、报刊、生活用品、社会保险等商业服务获取回扣；六是严禁利用职务之便谋取不正当利益的其他行为。

按照规定，学校领导干部要严于律己，带头执行规定，切实负起管理和监督职责。广大教师要大力弘扬高尚师德师风，自觉抵制收受学生及家长礼品礼金等不正之风。对违规违纪的，发现一起，查处一起，对典型案件要点名道姓公开通报曝光。情节严重的，依法依规给予开除处分，并撤销其教师资格；涉嫌犯罪的，依法移送司法机关处理。

## 策略·建议

1. 教师不得利用职务之便谋取不正当利益，廉洁从教是党和人民对教师的职业期待，也是教师职业道德的基本要求，是教师教书育人的人格前提和品德基础。

2. 教师不得索要、收受学生及家长财物或参加由学生及家长付费的宴请、旅游、娱乐休闲等活动，不得向学生推销图书报刊、教辅材料、社会保险或利用家长资源谋取私利。

3. 教师不得组织、参与有偿补课，或为校外培训机构和他人介绍生源、提供相关信息。

相关规定

《中小学教师违反职业道德行为处理办法（2018年修订）》第四条："应予处理的教师违反职业道德行为如下……（九）索要、收受学生及家长财物或参加由学生及家长付费的宴请、旅游、娱乐休闲等活动，向学生推销图书报刊、教辅材料、社会保险或利用家长资源谋取私利。（十）组织、参与有偿补课，或为校外培训机构和他人介绍生源、提供相关信息……"

# 第 4 章
# 教育惩戒

对违规违纪的学生，学校和教师应当依法依规实施教育惩戒，促使学生认识和改正错误。实施教育惩戒应当符合教育规律，注重育人效果；遵循法治原则，做到客观公正；选择适当措施，与学生过错程度相适应。

# 30. "点名批评"，该怎样正确实施

● 案例

据"红星新闻"报道，2021 年 11 月 9 日下午放学后，某小学 11 岁的学生亮亮没有回家，出了校门后，他走进了学校对面的小区，从一栋楼的 24 层跳了下去。事发后，警方在亮亮的身上找到了一份遗书，遗书中写道："本人的死亡不与父母、家长、社会、国家有关，只和赵某有关，她使用暴力手段。"亮亮这份遗书中所提到的赵某，是他的班主任兼语文老师。那么，亮亮在跳楼之前到底发生了什么呢？警方调取的监控视频显示，当天上午和下午，班主任赵某均有当着全班同学的面批评亮亮的行为。"我做梦都没想到亮亮是我们班的骗子，言而无信。""你没吃中午饭吗？要咬本子吃？看看你家有多穷。"事发后，亮亮的父母认为班主任赵某多次当众侮辱亮亮，导致亮亮跳楼自杀，遂向法院提起刑事自诉，请求法院以侮辱罪追究赵某的刑事责任。

**关键词**

点名批评
教育惩戒
过激言行
侮辱人格尊严
超出心理承受能力
示众式批评方式
点名批评的步骤
持续跟进

点名批评是教师常用的一种教育惩戒措施。根据《中小学教育惩戒规则（试行）》第八条的规定，教师在课堂教学、日常管理中，对违规违纪情节较为轻微的学生，可以当场实施点名批评的教育惩戒。所谓"点名

批评"，是指教师当众指名道姓地针对特定学生，用言语方式对其错误言行进行劝导、口头纠正，以引起学生注意，督促其改正错误的一种教育方式。

点名批评的法律风险不在于"点名"，而在于教师批评学生的言辞和方式是否"失当"，是否存在"过激言行"。因为教师在批评学生过程中存在过激言行，而导致学生做出自杀、自残等极端行为的，学校和教师须承担相应的法律责任。

实践中，教师在实施点名批评过程中的过激言行，主要表现在以下三个方面。

一是使用辱骂、嘲笑、歧视、挖苦的语言，贬低、侮辱学生的人格尊严。例如，在前述案例中，班主任赵某在批评亮亮时称其为"骗子"，构成了对亮亮人格尊严的侮辱，损害了其名誉，很容易诱发学生做出过激行为。

二是使用超出学生心理承受能力的言辞。例如，某小学一名教师发现自己的名字被写在黑板上，为了查出是谁写的，她通过笔迹辨认，怀疑是一名一年级男生写的。开始学生不承认，老师威胁他："你再不承认我就报警。"小男生还是不承认，老师就对他说："这样吧，你回去再好好想想，明天早晨再不承认，就只好等警察来抓你了。"结果，小男孩回家后因陷于极度恐惧之中，喝下农药自杀。在这起事件中，教师恐吓学生说"就只好等警察来抓你了"，明显超出了一名一年级小学生的心理承受能力。类似的言辞还有"我这个班不要你了""你明天不用来上学了""再这样，我就把你扭送到公安局"等。这些带有威胁、恐吓性质的言辞，对低年级、年龄较小的学生，或者性格内向的学生而言，往往会超出其心理承受能力，被认为是失当的。

三是使用示众式批评方式。例如，某中学初一学生小飞爱给同学，特别是女同学起外号，比如管她们叫"大奶""三陪""浪妹"等，有一次还把一个女生给气哭了。学校教导主任接到举报后，认为小飞的行为很恶劣，决定在大会上点名批评他。于是第二天做操的时候，教导主任把小飞叫到主席台上，当着全校一千多名学生的面严厉批评了他，并教育大家要引以为戒，不要学他。没想到，当天晚上回到家后，小飞因一时想不开，竟然喝下了农药。经抢救，小飞脱离了危险，但仍然被医院诊断为"反应性精神障碍"。随后小飞的家长把学校起诉到了法院，要求校方赔偿医疗费等各种损失。后来经过法院调解，学校承担了部分赔偿责任。在本起事件中，教导主任让小飞站在主席台上接受批评，这种方式就属于"示众式批评"，它往往会超出未成年学生的心理承受能力，导致其在事后做出过激行为。类似的做法还有以下这些：让学生站在班级教室的讲台前接受批评；让全班同学一起揭发某个学生的缺点，召开针对他的"批判大会"；让全班同学投票选"差生"等。此类示众式批评构成对学生人格尊严的侮辱，超出学生心理承受能力，被认为是失当的，教师应当予以避免。

那么，点名批评应当怎样正确实施呢？为了规范点名批评的表达内容，增强点名批评的教育效果，教师在实施点评批评的过程中可以参考以下步骤和流程。

第一步，指出学生做了什么违纪行为。也就是把学生的违纪事实简要陈述一遍。比如，"你刚才上课铃响之后才进教室，迟到了"，或者"你刚才上课的时候，在偷看小说，做了跟上课无关的事情"。要点出学生做了什么违纪行为，让他明白自己为什么会受到批评。有些学生实施违纪行为后，刻意回避、掩饰，甚至选择性遗忘。教师陈述违纪事实，可以让其直面错误，审视、反思自己的行为。这也为后面的批评教育奠定基础。

第二步，点出学生的行为具体违反了校规校纪的哪条规定，说出该条规定的内容。比如，"你的迟到行为违反了《××小学学生行为守则》第六条关于'学生应当按时到校上课，不得迟到、早退或者无故旷课'的规定"。这一步，是点出学生行为的违规违纪性，让其明白自己的行为是学校禁止的，是规则否定的，与国家、社会和学校对他的期望不符。

第三步，揭示学生违纪行为的危害后果。比如，"你的迟到行为，既耽误你自己听课和学习知识，也容易分散同学们的注意力，影响我们正常的教育教学秩序"。这一步很重要。违纪行为之所以被否定，是因为它有危害后果，包括对社会、对集体、对他人、对自己的危害。这也是我们处理违纪行为的道义基础，这样才能让学生有所触动，心服口服。

第四步，提出告诫和希望。比如，"希望你记住经验教训，严格遵守校规校纪，不要再迟到了，不要再犯同样的错误了"。这是向学生发出明确的行为指令，告诉他正确的行为规则是什么，强化主流社会对他的行为期待。

除此之外，点名批评之后，教师还应持续跟进，留意学生的行为表现。俗话说"打一巴掌揉三揉""打一棍子给一颗甜枣"，在严厉的批评之后，老师还得找个机会说几句"软话"，让学生知道老师是关心他、爱护他的。特别要注意，批评之后，一旦发现学生有一些不好的苗头，比如长时间趴在桌上哭泣，老师一定要做好安抚工作，防止学生因为想不开而做出极端行为。

## 策略·建议

1. 教师在点名批评学生过程中，不要实施过激的言行：不要使用辱骂、嘲笑、歧视、挖苦的语言，贬低、侮辱学生的人格尊严；不要使用超出学生心理承受能力的言辞；不要使用示众式批评方式。

2. 在点名批评的时候，教师可以考虑遵循以下步骤：第一步，指出学生实施了什么违纪行为；第二步，点出该行为具体违反了校规校纪的哪条规定；第三步，揭示学生违纪行为的后果；第四步，提出告诫和希望。

3. 在点名批评之后，教师还应持续跟进，留意学生的情绪和表现，防止学生因想不开而做出过激行为。

**相关规定**

　　《中小学教育惩戒规则（试行）》第八条："教师在课堂教学、日常管理中，对违规违纪情节较为轻微的学生，可以当场实施以下教育惩戒：（一）点名批评……"

　　《中小学教育惩戒规则（试行）》第十二条："教师在教育教学管理、实施教育惩戒过程中，不得有下列行为……（三）辱骂或者以歧视性、侮辱性的言行侵犯学生人格尊严……"

# 31. "罚站"，应当符合这些要求

● 案例

某小学 8 岁的学生小东，上课期间不认真听讲，还转身和后排同学交头接耳。任课教师杨某某发现后，当即对他予以警告。然而小东不但没有改正，反而做鬼脸，引得全班同学哄堂大笑。杨某某气愤地将小东赶出开着暖气的教室，让他在外面的走廊上罚站。由于当时是冬天，刮着大风，走廊上又没有暖气，加上小东体质较弱，穿得又少，结果得了重感冒。为了给孩子看病，家长花了一千多块钱的医疗费用。事后，小东的母亲找到学校，要求校方赔偿医疗费，由此引发了法律纠纷。

> **关键词**
>
> 罚站
>
> 教育惩戒
>
> 一节课堂教学时间内
>
> 教室内站立
>
> 健康状况
>
> 人身安全
>
> 预防发生事故
>
> 安全告知

教师能否对违纪的学生实施罚站？这个问题过去一直有争议。不少人认为，罚站可能会构成体罚或者变相体罚。如今这一问题已经有了明确的答案。根据《中小学教育惩戒规则（试行）》第八条的规定，教师在课堂教学、日常管理中，对违规违纪情节较为轻微的学生，可以当场实施"一节课堂教学时间内的教室内站立"的教育惩戒。这一规定既给了罚站合法的名分，又对其设立了一定的条件和要求。

根据规定，教师对学生实施罚站，应当遵循以下两个要求。

第一，罚站的时间要求是"一节课堂教学时间内"，即不能超过一节课。为什么不能超过一节课？因为罚站是一个体力活，一动不动地站一节课，足以让一个成年人都感到疲惫。对未成年人而言，因为罚站往往是当着全班同学的面进行，除了身体疲劳之外，还要承受一定的心理压力。因而，一节课就是学生身心所能承受的最高时间限度了。如果罚站时间太长，有可能会导致学生因体力不支而发生意外。曾经有学生因为被罚站3小时而突然晕倒在地，导致头部受伤。此外，长时间罚站也会耽误学生正常听课和学习。

　　第二，罚站的地点要求是"教室内"，即罚站只能在教室内，不能在教室外（如走廊上、操场上、教师办公室内等）进行。为什么要做这样的限定呢？其一，在教室外罚站的时候，学生往往无人看管，如果他不老实，随意走动，那么一方面达不到罚站的教育效果，另一方面学生在"放羊"的过程中万一发生了事故，学校就会因为对学生疏于管理，而被要求承担相应的法律责任。其二，学生在教室外罚站，如果赶上恶劣的天气，有可能会发生意外事故。曾经有学生在烈日暴晒的操场上罚站，结果中暑，引发意外伤害。在前述案例中，教师将学生赶到走廊上罚站，导致学生得了重感冒，还引发了赔偿纠纷。因此，罚站必须限定在教室内。

　　根据《中小学教育惩戒规则（试行）》第十二条的规定，教师在教育教学管理、实施教育惩戒过程中，不得对学生实施超过正常限度的罚站。实践中，教师对学生实施教室外罚站，或者超过一节课的罚站，很可能会构成变相体罚，从而须承担相应的责任。

　　除了需要遵循上述两个要求外，教师在对学生实施罚站的时候，还应当关注学生个人的健康状况，保护学生的人身安全。学生个人的身体情况千差万别，罚站时应当注意预防发生事故。例如，若学生有特异体质，或者当天身体不适，不宜长时间站立，教师则不应对其实施罚站。又如，在罚站过程中若是学生突然感觉不适，那么教师应及时停止罚站，并采取相应救助措施，以免发生意外。为了安全起见，教师在实施罚站时，可以考虑按照以下步骤进行。第一步，罚站之前了解学生的健康状况。怎么了解呢？具体方式包括查阅学生健康档案、现场观察、询问学生本人等。第二步，对学生进行安全告知，即告知学生罚站过程中如果突发疾病或者体力不支，要及时告诉老师。第三步，在实施罚站过程中，留意学生的健康状况。如发现学生身体不适，应立即停止罚站，预防发生意外事故。第四步，注意罚站不要超时，不能超过一节课。如果学生表现好，达到了教育、警示的目的，教师完全可以提前结束罚站，不见得非要坚持一节课。

## 策 略 · 建 议

1. 对轻微违纪的学生，教师可以实施罚站，但是时间应限定在一节课以内，地点应限定在教室内。不得对学生实施超过正常限度的罚站。
2. 对学生实施罚站的时候，教师应当留意学生的身体健康状况，避免发生意外。不得对健康状况不佳的学生实施罚站，发现学生身体不适后应及时终止罚站。

## 相关规定

《中小学教育惩戒规则（试行）》第八条："教师在课堂教学、日常管理中，对违规违纪情节较为轻微的学生，可以当场实施以下教育惩戒……（四）一节课堂教学时间内的教室内站立……"

《中小学教育惩戒规则（试行）》第十二条："教师在教育教学管理、实施教育惩戒过程中，不得有下列行为……（二）超过正常限度的罚站、反复抄写，强制做不适的动作或者姿势，以及刻意孤立等间接伤害身体、心理的变相体罚……"

# 32. 告诉学生如何进行"赔礼道歉"

● 案例

某小学五年级男生小冬，给班上的女生小琴起了个非常难听的、有侮辱性的外号。小琴哭着去办公室找班主任告状。班主任随即把小冬叫来，对其进行了严厉批评，并责令他当面向小琴赔礼道歉。但是，小冬对小琴说了一句"对不起"后，小琴仍然很难过，未做出任何回应。班主任见状，询问小琴是否原谅小冬。小琴非常决绝地回答"不原谅"。对此，班主任感到不悦，认为小琴心眼太小，小题大做，于是将小琴批评了一顿。未料到，小琴哭得更伤心了，随后头也不回地离开了办公室。班主任对此感到束手无策。

**关键词**

赔礼道歉
教育惩戒
赔礼道歉的目的
真诚悔过
尊重
安全感
适用范围
侵犯他人人身权利
精神痛苦
赔礼道歉的方法

赔礼道歉，是指行为人因为自己的错误行为而给他人造成利益损害或妨碍后，真诚地向对方承认错误，表达歉意，并请求对方予以原谅的一种情感表达行为。对违纪的中小学生，责令赔礼道歉是一种常用的教育惩戒措施。根据《中小学教育惩戒规则（试行）》第八条的规定，教师在课堂教学、日常管理中，对违规违纪情节较为轻微的学生，可以当场对其实施"责令赔礼道歉"的教育惩戒。

虽然《中小学教育惩戒规则（试行）》规定了责令赔礼道歉的措施，但是在实践中，很多学生不知道怎样进行赔礼道歉，教师也不知道怎样指导学生，以至于很多道歉变成了敷衍和走过场，达不到应有的效果。那么，怎样才能最大限度地发挥赔礼道歉的作用呢？

其一，需要了解赔礼道歉的目的和意义。赔礼道歉的目的是什么？仅仅是惩罚违纪学生，让其认识错误吗？没有这么简单。赔礼道歉的目的主要有两个。一是给违纪学生一个真诚悔过、弥补过错的机会。违纪者伤害了别人，对他而言，最有效的救赎，就是向受害者悔过并取得谅解，其他惩戒方式，包括批评教育、写检讨、纪律处分，均达不到这一效果。为此，在责令赔礼道歉之前，教师应当引导违纪学生通过换位思考，习得共情能力，理解甚至体验受害者的感受，从而生出真诚悔过的想法。二是给受害学生一个恢复尊严感、自信心和安全感的机会。在此类场合，受害者受到的伤害主要表现在精神痛苦、人格尊严受辱等方面。解铃还须系铃人，来自违纪者的真诚道歉，有利于化解受害者内心的愤怒和不平，令其重新感受到他人的尊重，帮助其恢复自信心、重获安全感。真诚的赔礼道歉，有助于修复被扭曲、被破坏的正常人际关系，重建良好的人际关系和舆论氛围。

其二，需要了解赔礼道歉的适用范围。什么违纪行为适用赔礼道歉呢？凡是侵犯他人人身权利，给他人造成精神上、心理上伤害的行为，都应当责令违纪者向受害者赔礼道歉。特别是殴打、欺凌、侮辱、诽谤、泄露他人隐私等故意侵犯其他学生人身权利的行为，往往会给受害学生造成极大的精神痛苦，矛盾的解决、纠纷的化解离不开违纪者真诚的赔礼道歉。

其三，需要让学生学会赔礼道歉的正确方法。一些赔礼道歉之所以起不到作用，未能化解当事人心中的芥蒂，就是因为道歉者态度敷衍，例行公事，流于形式，或者道歉方式、言语和内容欠妥，难以触及受害者的心灵。为此，教师在指导学生进行赔礼道歉的时候，可让道歉者参考以下几个步骤。

第一步，认错。怎样认错呢？首先，要告诉受害者，"我那样做、那样对待你是不对的，我错了，对不起你"。其次，还要告诉受害者"我错在哪儿"。那么，错在哪儿呢？不是违反校规校纪被老师批评了，这对受害者没用，他要的不是这些。"我错了，因为我那样做，伤害了你，让你感到难堪，受到侮辱，感到痛苦。"要对受害者表达出理解和共情。

第二步，表达悔意，保证不再重犯。要告诉受害者，自己做了不该做的事，感到非常后悔，保证以后再也不会那样做了。

第三步，请求原谅。道歉者看着受害者，真诚地说"请求你原谅我"。需要注意的是，如果受害学生当场没有表示谅解，教师千万不要指责他，甚至强迫他表示谅解，那样反而会给受害学生造成二次伤害。道歉是犯错者的义务，原不原谅是受害者的权利。"我接受你的道歉，但我现在没法原谅你，什么时候我心里释怀了，心结打开了，我才能原谅你。"对道歉者来说，要做的是，继续以自己的诚意和行动去打动受害者，力争早日获得谅解。

策略·建议

1. 对侵犯他人人身权利，给他人造成精神上、心理上伤害的违纪学生，教师应当责令其向受害者赔礼道歉。
2. 为了保证赔礼道歉的效果，道歉者应遵循以下步骤进行道歉：
   （1）认错；（2）表达悔意，保证不再重犯；（3）请求原谅。

《中小学教育惩戒规则（试行）》第八条："教师在课堂教学、日常管理中，对违规违纪情节较为轻微的学生，可以当场实施以下教育惩戒……（二）责令赔礼道歉、做口头或者书面检讨……"

# 33. "罚抄写"，得注意这几点

● 案例

　　某小学四年级学生小宇，上数学课的时候忘了带量角器。任课教师很生气，为了让小宇长记性，罚他回家抄写200遍"我要带量角器"，而且要做到字迹工整。小宇的家长得知此事后，对老师的做法感到不满，遂在网上发帖子请网友来评理。不少网友认为，老师的做法过于严苛，已经构成了变相体罚。

　　无独有偶，某中学初二学生小林，因为在五一放假前的一节课上做错了一些数学题，老师让他在五一期间把错题抄写100遍。小林的家长得知情况后，认为老师的做法不妥，遂向当地教育局投诉，教育局随后对此事进行了处理。

**关键词**

罚抄写

教育惩戒

适当增加

额外的教学任务

内容

数量

遍数

字数

抄写时间

休息权

减负

变相体罚

　　教师能不能对违纪的学生罚抄写？针对这个问题，《中小学教育惩戒规则（试行）》第八条规定："教师在课堂教学、日常管理中，对违规违纪情节较为轻微的学生，可以当场实施以下教育惩戒……（三）适当增加额外的教学或者班级公益服务任务……"在这一规定中，适当增加额外的教学任务，应当包括让违纪学生额外地抄写一些课文或者作业题，也就是平时我们说的"罚抄写"。但是，这里的"罚抄写"是有限定条件和要求的，那就是数量必须是适当的，内容必须是教学任务。

具体而言，罚抄写可以成为一种教育惩戒措施，但应当注意以下几点。

首先，罚抄写的内容必须是教学任务。即抄写的内容必须跟课程教学有关。跟课程教学无关的内容，不能罚抄写。例如，罚学生抄写名字，或者抄写"我要带量角器"，这些都不是课程教学内容，因而不符合《中小学教育惩戒规则（试行）》的规定，不能成为抄写的对象。

其次，罚抄写的数量必须是适当的，不能过量。那么，多少算适当呢？《中小学教育惩戒规则（试行）》中没有明确说明，需要教师自己酌情把握。有学者认为，罚抄写不能超过5遍，超过5遍就属于不适当了。我们认为，用遍数作为衡量依据是不合理的。因为如果是抄写一个词语，就算抄写10遍，也才二三十个字，根本不算多。而如果是抄写一篇篇幅很长的课文，可能罚抄两三遍就算多了。因而，不宜单纯以遍数作为衡量标准。

那应当以什么来衡量呢？我们认为，以字数和抄写时间来衡量更合适。那能不能给出具体的字数限制呢？这不好给，对不同年级的学生，没法给出一个统一的数字。抄写300个字，对一年级学生和高中学生来说，他们所感受到的负担是完全不可同日而语的，因而对不同年级的学生应该有不同的字数要求。

为此，还需要引入第二个衡量标准，那就是对抄写时间进行限制。怎样限制呢？需要考虑以下两个要求。

第一，不得侵犯学生的休息权。《儿童权利公约》和《中华人民共和国未成年人保护法》都规定，儿童享有休息权，家长和学校应当保障儿童的休息权。《未成年人学校保护规定》第八条和第十三条更是明确规定，学校应当保证学生有休息时间，不得侵占学生休息时间，不得对学生在课间及其他非教学时间的正当交流、游戏、出教室活动等言行自由设置不必要的约束。实践中，如果罚抄写的量太多，导致学生睡眠不足，或者在课间休息的时候把学生留在教室罚抄写，没写完不让出去，就侵犯了学生的休息权，构成违法违规了。

第二，不得违反国家关于学生减负的政策规定。近年来国家出台了一些关于学生减负的政策规定。例如，教育部、发改委等九部门于 2018 年 12 月印发的《中小学生减负措施》中规定，学校和教师应当严控书面作业总量，小学一、二年级不布置书面家庭作业，三至六年级家庭作业不超过 60 分钟，初中家庭作业不超过 90 分钟，高中也要合理安排作业时间。《未成年人学校保护规定》第二十七条也规定，学校和教师不得超出规定增加作业量，加重学生学习负担。因此，教师在对学生罚抄写的时候，应当酌情考虑学生抄写所需要的时间，不得突破、违反上述相关规定。

实践中，教师违反规定，让学生反复抄写，可能构成变相体罚，须承担相应的责任。

## 策略·建议

1. 对违规违纪情节较为轻微的学生，教师可以对其实施罚抄写的教育惩戒，但是抄写的内容应当与课程教学有关，抄写的量应当是适当的，不得剥夺学生应有的休息时间，不得违反国家关于学生减负的政策规定，不得加重学生的负担。

2. 罚抄写一般适用于违反校规校纪，因个人主观原因未完成规定的学习任务的学生，不得因学生的学业成绩不佳而罚抄写。

　　《中小学教育惩戒规则（试行）》第八条："教师在课堂教学、日常管理中，对违规违纪情节较为轻微的学生，可以当场实施以下教育惩戒……（三）适当增加额外的教学或者班级公益服务任务……"

　　《中小学教育惩戒规则（试行）》第十二条："教师在教育教学管理、实施教育惩戒过程中，不得有下列行为……（二）超过正常限度的罚站、反复抄写，强制做不适的动作或者姿势，以及刻意孤立等间接伤害身体、心理的变相体罚……（五）因学业成绩而教育惩戒学生……"

# 34. 怎样让学生写出一份合格的检讨书

## ● 案例

一天课间休息时，几个男生在操场上打篮球。小志和小飞在抢球过程中发生冲突，两人扭打在一起，小飞的额头被抓破，小志的胳膊则被咬破。班主任马老师接到同学报告后赶到现场，制止了打斗，并将两人带到学校医务室，让校医对两人的伤口进行了处理。随后，班主任对两人进行了严厉的批评教育，让他们各写一份检讨。谁知，一节课过去后，两人都只写了七八句话，不到300字。有些词语和句子还在不断地重复，简直就是在凑字数应付。马老师让他们重写，可他们都说不知道该怎么写。马老师该怎么办呢？

**关键词**

书面检讨

检讨书

违纪的经过

违纪的原因

违纪的动机

思想根源

校规、班规条文内容

危害后果

计划和方案

根据《中小学教育惩戒规则（试行）》的规定，对违规违纪情节较为轻微的学生，教师可以责令其做口头或书面检讨。所谓检讨，是指检查、反省自己的错误，并做自我批评。一些学生违反校规校纪、犯了错误之后，情绪冲动，想法偏激，认识不到自己的错误。让其写一份书面检讨，可以促使其冷静下来，审视、反思自己的所作所为。写检讨书的目的，是让学生深刻认识和反思自己的错误，并寻找改正错误的办法，避免再犯。

能不能达到这个目的，取决于学生会不会写检讨、写的检讨书质量怎么样。那么，一份合格、有用、触及灵魂的检讨书到底该怎么写呢？

这里以前述小志和小飞打架事件中小志的检讨书如何写为例来谈。检讨书要想起到催人改过自新的作用，应当包括以下几个方面的内容。

## 一、违纪的经过

违纪者要如实陈述违纪行为发生的过程，为反思立下一个"靶子"，并在书写、反思中发现自己身上存在的问题。例如，关于违纪的经过，小志的检讨书中可以这么写："今天上午第三节课后休息的时候，我和小飞等几个同学在操场上打篮球。小飞抢球的时候用胳膊撞了我一下。我认为他是故意犯规，因此很生气，就拿起球朝他身上砸了过去。小飞被砸后也生气了，过来给了我一拳。于是我们俩就扭打在一起。他的额头被我抓破了，我的胳膊也被他咬破了。后来，我们都被老师带到医务室进行了包扎和处理。中午，我们的家长都被请到了学校，老师严厉批评了我们。"

以上就是违纪的过程，要求尽量写得清楚、完整。学生在书写过程中往往会冷静下来，并审视、反思自己的言行。

## 二、违纪的原因和动机

违纪者要实现改过自新，就得转变自己错误的观念和认识，而这离不开对违纪原因和动机的深入剖析。在这起事件中，小志为什么会违纪？违纪的动机是什么呢？他的检讨书中可以这样写："小飞抢球的时候用胳膊撞了我一下。我认为他是故意犯规，因此很生气。"这是小志拿球砸人的原因，这个违纪原因是外在的、表面的、可察觉的。那么，他的违纪动机是什么呢？"是为了报复小飞，发泄我心中的不满。"这个动机揭示了小志的思想意图，它支配着小志的外在行为，把它说出来、挖掘出来后，才能找到违纪的思想根源，从而对症下药，解决思想上、认识上的问题。

## 三、违纪行为具体违反了校规、班规中的哪些规定

违纪行为之所以受到否定评价，是因为它违反了规章制度和纪律，违背了集体意志和共同守则。因此，务必让违纪者明白无误地认识到他的行为具体违反了校规、班规中的哪一条或者哪几条规定，要求写出校规、班规中相关的具体条文内容。比如，小志的检讨书中可以这样写："我违反了《××中学学生行为守则》第十条'同学之间应当互相尊重，团结互助，不得侮辱、欺凌其他同学，不得实施打架斗殴行为'的规定，还违反了《××中学学生违纪处理办法》第十五条'动手打人的，给予严重警告以上纪律处分'的规定。"让学生写出自己所违反的校规、班规中相关的条文内容，是为了让其充分认识、理解自己行为的违纪性和应受处罚性，认识到自己错在何处。

## 四、违纪行为所造成的危害后果

这种危害后果既包括已经发生的不利的损害后果，也包括尚未发生的、潜在的现实威胁。比如，小志可以这样来写危害后果："我和小飞的打架斗殴行为使得双方都受了伤，危及了我们俩的安全和健康，也给家里造成了医疗费支出等各种经济损失，害己又害人。"写出危害后果，可以让违纪学生充分认识到自己的行为给集体、给他人、给自己造成的损失和不利影响，进一步认识和反思自己的错误行为，意识到改正错误的必要性和紧迫性。

## 五、具有可操作性的改正错误的计划和方案

违纪者要写清楚今后打算怎么改正错误，避免再犯。不能是简单的一句"我保证今后不再打架，否则任凭学校处置"。这么写太空泛了，不具有可操作性。可以这么写："为了避免再次做出打架斗殴的行为，今后我一定要学会控制自己的情绪，遇事要冷静处理，要多想一想我这么做会不会违反校规校纪，会不会威胁到别人的生命安全和健康，会不会给自己的家庭与别人的家庭造成痛苦和损失。"改正错误的计划和方案写得越具体，可操作性越强，说明学生的决心越大，努力的方向越清晰，也就越有可能矫正不良行为，实现悔过自新。

以上就是检讨书的一般结构和内容。教师甚至可以把它做成一个模板、一张表格，让学生可以容易地写出一份合格的检讨书。

策略·建议

1. 对屡教不改、认识不到自己的错误或者违纪行为所造成的危害后果较为严重的学生，教师可以对其实施责令做书面检讨（写检讨书）的教育惩戒。

2. 为了让学生写出一份合格、有用的检讨书，教师应当对检讨书的结构和内容提出要求。学生的检讨书应当包括以下几个部分：（1）违纪的经过；（2）违纪的原因和动机；（3）违纪行为具体违反了校规、班规中的哪些规定；（4）违纪行为所造成的危害后果；（5）具有可操作性的改正错误的计划和方案。

相关规定

《中小学教育惩戒规则（试行）》第八条："教师在课堂教学、日常管理中，对违规违纪情节较为轻微的学生，可以当场实施以下教育惩戒……（二）责令赔礼道歉、做口头或者书面检讨……"

# 35. 教师能否对违纪学生"罚跑步""罚运动"

● 案例

法院经审理查明，2014年12月18日上午，某中学九年级学生王某因上课迟到，班主任要求其做200次深蹲运动，随后在上午第四节体育课上，王某根据课堂安排又进行了1000米跑步运动。三天后，王某因感身体不适，遂住院治疗，医生诊断其为"横纹肌溶解症"。经司法鉴定，王某的"横纹肌溶解症"的产生与2014年12月18日所进行的剧烈运动之间存在因果关系。法院认为，《中华人民共和国义务教育法》第二十九条规定，"教师应当尊重学生的人格，不得歧视学生，不得对学生实施体罚、变相体罚或者其他侮辱人格尊严的行为，不得侵犯学生合法权益"。原告王某上课迟到，违反学校教育管理制度，应当受到批评教育，但其班主任采取做200次深蹲运动的处罚措施，超出了一般未成年人的承受范围，对原告王某的身体造成了伤害。故某中学应当对王某所受损害承担赔偿责任。

**关键词**

罚跑步

罚运动

教育惩戒

安全事故

变相体罚

家校纠纷

运动价值

贬损

教师能不能对违纪学生实施罚跑步、罚运动的教育惩戒呢？其实，教育部于2019年向社会发布的《中小学教师实施教育惩戒规则（征求意见稿）》第六条中曾规定，教师可以对违纪学生实施"适当增加运动要求"的惩戒措施。但是，在 2020 年底颁布的正式版本《中小学教育惩戒规则（试行）》中，"适当增加运动要求"这一措施被删除了，罚跑步、罚运动最终没有得到官方的认可。

我们认为，教师不应将罚跑步、罚运动作为教育惩戒措施，原因主要有以下几点。

第一，罚跑步、罚运动容易引发安全事故。我国法律规定，学校对在校学生负有教育、管理和保护职责。保护学生安全、预防发生事故一直是学校十分关注的问题。在引发学生伤害事故的各种因素中，体育课运动占较大比例，而且，此类事故一旦形成诉讼纠纷，学校要想证明自己没有过错从而得以免责，一向就非常困难。专业的体育教师尚且难以避免课堂上意外事故的发生，缺乏体育专业知识的其他教师，如果是出于惩戒的目的，而刻意对学生罚跑步、罚运动，对运动量是不是更加难以准确把握？在运动技巧与安全保护方面是不是更加难以给学生帮助和指导？由此导致的运动风险是不是更高？酿成事故后，学校要想免责是不是更加困难？举个例子，2015 年，某中学初二学生李某由于没有完成语文作业，被班主任叫到操场上跑 5 圈。每圈是 180 米，总共跑了 900 米。未料到跑完后，李某突然晕倒，送到医院后抢救无效身亡。事发后，学校和教师都受到了处理，承担了相应的责任。考虑到安全因素，"适当增加运动要求"这样的惩戒方式，最终没有获得官方的认可，也就不难理解了。

第二，罚跑步、罚运动可能构成变相体罚，且容易引发家校纠纷。实践中，对学生实施罚跑步、罚运动的教师大部分都不是体育教师，不具备专业的体育运动知识和技能，一旦运动量、运动强度或者难度超出学生的身体承受范围，甚至给学生造成伤害，那么教师的行为就构成了体罚或变相体罚。而且，家长们对罚运动大都比较敏感，难以接受此类惩戒方式，一旦孩子在受罚后身体不适或者受到伤害，往往会引发激烈的家校矛盾和纠纷。例如，2020 年 5 月，某小学一名一年级女生违反纪律，班主任根据班规，罚她在操场上跑 10 圈。女生的家长得知此事后，认为班主任的行为属于体罚，于是到学校投诉班主任。学校经过调查后，对班主任进行了通报批评，还暂停了其班主任工作，撤销了其品德学科教研组组长的职务。但是，女生的家长仍然不满意，认为处罚太轻，就在网络上发布文章，声讨老师体罚自己的孩子。文章中说，自己的孩子患有哮喘病，老师却还罚她在操场上跑 10 圈，导致孩子累得吐血。文章中还附上了一件血衣的照片，结果在网上引起很大的轰动。随后警方也介入进来。经过调查，事件出现了反转，原来所谓的血衣是家长伪造的，是家长用从网上购买的红墨水给染的。家长花钱雇人在网络上进行炒作。查清事实后，这名家长受到了应有的惩罚，被法院判决构成寻衅滋事罪，判处一年半有期徒刑，缓刑两年。虽然司法机关最后还了教师和学校一个清白，但是事件的起因仍然值得我们深思。只是罚跑步，就让教师、学校和家长卷入了纠纷，付出了不小的代价，教训不可谓不深刻。

第三，将罚跑步、罚运动作为教育惩戒措施，是对跑步、运动价值的贬损，不利于培养学生锻炼健身的良好习惯。跑步、运动是强身健体的活动，不应将其跟惩罚、屈辱、负担这些负面的东西联系在一起，让学生一想起来就皱眉头。将跑步、运动当作惩戒的工具性手段，是对跑步、运动价值的贬低和亵渎，可能会让学生对运动产生负面的感受，从而轻视运动，疏远运动。这显然与体育教育的目标背道而驰。

鉴于罚跑步、罚运动可能构成体罚或变相体罚，容易引发安全事故，酿成家校纠纷，且不利于培养学生对体育锻炼的兴趣，教师不应将其作为对违纪学生的教育惩戒措施。

**相关规定**

《中小学教育惩戒规则（试行）》第十二条："教师在教育教学管理、实施教育惩戒过程中，不得有下列行为……（二）超过正常限度的罚站、反复抄写，强制做不适的动作或者姿势，以及刻意孤立等间接伤害身体、心理的变相体罚……"

## 36. 罚学生"承担公益服务任务"，小心这几个问题

● 案例 1

学生课间玩得忘乎所以，对课前的预备铃声都听而不闻，以至于上课迟到了，怎么办？魏书生老师的办法之一，是让迟到的学生给大家唱一首歌。不过不是马上唱，那样会耽误上课，而是等到下午活动课前或自习课前，或留到需要活跃一下气氛的时候再唱。在魏书生老师任教的班级里，还有这样的班规：忘带桌罩，除回家去取之外，还要到水房为班级打一桶水；如果早自习迟到了，就要扫操场30分钟……学生普遍接受这种纠正错误的方式。

● 案例 2

某小学四年级学生小岳，因为上学的时候没有佩戴红领巾，导致班级被扣分了。为了教育惩戒小岳，班主任罚他做一件好事，给年级教师办公室打水。不料，在水房接热水的时候，小岳不慎烫伤了右手。经校医紧急处置后，小岳被送往医院救治，花了3000余元医疗费。事后，小岳的家长找到学校，要求校方承担赔偿责任，从而引发了法律纠纷。

对违规违纪的学生，学校、教师能不能罚他们做好事呢？当然可以。

**关键词**

公益服务任务
做好事
教育惩戒
集体主义意识
集体责任感
奉献意识
意义
积极性
安全

根据《中小学教育惩戒规则（试行）》第八条的规定，对违规违纪情节较为轻微的学生，教师可以对其实施适当增加班级公益服务任务的教育惩戒；根据《中小学教育惩戒规则（试行）》第九条的规定，对违反校规校纪情节较重或者经当场教育惩戒拒不改正的学生，学校可以实施让其承担校内公益服务任务的教育惩戒。这两个条文中的"班级公益服务任务"和"校内公益服务任务"，就是指做好事。

学生犯了错误之后，让其做一两件好事，不但可以令其反思错误、承担责任，而且有利于培养学生的劳动精神、集体主义意识、社会责任感和奉献精神，可谓一举两得。那么，学校、教师在让违纪学生承担公益服务任务的时候，应当注意哪些问题呢？

首先，要明确公益服务任务的范围。在学校里，到底哪些事项属于公益服务任务的范围呢？应该是有利于班集体和学校、有利于众多学生利益的事情。比如，打扫教室卫生，协助教师管理教室内常用的教学设施设备，出黑板报，收发作业，分发物品，执勤，为学校大型活动提供志愿服务等。如果只是给教师提供了便利，跟学生集体利益并无直接关系，那么这些事情就不属于公益服务任务的范围。比如，前述案例中给教师办公室打水，或者给教师干其他私活等，都不属于公益服务任务，不能作为教育惩戒措施。

其次，要明确学生实施哪些违纪行为之后，可以对其实施承担公益服务任务的教育惩戒。不是所有的违纪行为都适合采用这一措施。只有当学生违反班规班纪或校规校纪，做出有损班集体、学校集体利益的行为时，采用这一措施才是有针对性的，也才有可能达到预期的效果。在这种情况下让学生承担公益服务任务，可以增进学生对"我为人人，人人为我"的集体主义价值观的理解，培养学生的集体责任感和奉献意识，从而矫正其损害集体利益的行为。

再次，在让违纪学生承担公益服务任务之前，应当让学生认识公益服务的意义和价值，充分调动其积极性。我们要告诉违纪学生，你所做的这些好事对班集体（或学校）是很有价值的，既为班集体（或学校）带来了便利和好处，也是对自己所犯错误的一种积极补偿。这样的教育引导，可以避免学生将做好事单纯视为一种惩罚手段，从而消除其抗拒情绪，帮助其以积极的心态来执行这一措施。

最后，在罚学生做好事的过程中，要采取措施保证学生的安全。学校及教师应当根据学生的身心特点和能力，选择适当的、学生力所能及的公益服务任务。不要让学生做一些容易出事、具有危险性的事情，并且在学生做好事的过程中要加强安全教育和管理，防止发生意外事故。

## 策略·建议

1. 学生违反班规班纪或校规校纪，做出有损班集体、学校集体利益的行为后，学校、教师可以实施让其承担公益服务任务的教育惩戒。

2. 罚学生做好事的时候，学校、教师应当事先对学生进行思想教育，让其认识公益服务的意义和价值，充分调动其积极性，消除其抗拒情绪。要选择学生力所能及的公益服务任务，而且在劳动过程中要对学生加强安全教育，强化安全管理，防止发生意外事故。

## 相关规定

《中小学教育惩戒规则（试行）》第八条："教师在课堂教学、日常管理中，对违规违纪情节较为轻微的学生，可以当场实施以下教育惩戒……（三）适当增加额外的教学或者班级公益服务任务……"

《中小学教育惩戒规则（试行）》第九条："学生违反校规校纪，情节较重或者经当场教育惩戒拒不改正的，学校可以实施以下教育惩戒，并应当及时告知家长……（二）承担校内公益服务任务……"

# 37. "暂停学生参加外出集体活动"，需要注意什么

● 案例

某小学六年级学生小廖，有一天上课的时候多次扰乱课堂秩序。班主任吴老师为了教育小廖，就对他说："明天学校组织的全年级学生集体外出参观博物馆的活动，你不能参加。"当天小廖回家后并没有将这一情况告诉家长，吴老师也没有给小廖的家长打电话。

第二天早晨，小廖照常背着书包出门，但没有去学校，而是到学校附近的河边去玩耍。在玩耍过程中，小廖因脚底打滑不慎落水，滑入两米多深的河中。万幸的是，在附近干活的大人及时赶到，将他救起。经医院检查救治后，小廖脱离了危险。

事发后，小廖的家长找到学校，认为班主任吴老师剥夺小廖参加集体外出参观博物馆的权利本身就不对，而且在做出决定后未通知家长，由此导致小廖在家长不知情的情况下在外玩耍，进而引发意外事故，学校对此存在过错，应当赔偿小廖的医疗费等各项损失。双方由此发生法律纠纷。

对违纪的学生，能不能取消其参加外出集体活动的权利？

《中小学教育惩戒规则（试行）》第九条规定："学生违反校规校纪，

| 关键词 |
| --- |
| 暂停学生参加外出集体活动 |
| 教育惩戒 |
| 课程表以外的活动 |
| 情节较重 |
| 拒不改正 |
| 学校实施 |
| 越权 |
| 通知家长 |

情节较重或者经当场教育惩戒拒不改正的，学校可以实施以下教育惩戒，并应当及时告知家长……（四）暂停或者限制学生参加游览、校外集体活动以及其他外出集体活动……"根据这一规定，暂停学生参加外出集体活动可以成为一种教育惩戒措施。这实质上是一种暂时剥夺、限制学生某种权利或者机会的教育惩戒方式。中小学生生性活泼好动，参加外出集体活动对他们而言往往是快乐的体验，而暂停、限制他们的这一权利，会让他们产生一定的心理触动，明白违纪就需要付出一定的代价。同时，这一措施又不会耽误、影响他们的正常学习，因此它具有别的教育惩戒措施无法取代的特殊作用。

但是，按照规定，对违纪学生实施这一教育惩戒，需要符合一定的条件和要求。我们结合前述小廖的案例，来分析一下实施这一教育惩戒过程中需要遵循的几点要求。

第一，暂停学生参加外出集体活动所指的活动，必须是学校课程表以外的活动，最好是偏娱乐性的集体活动，比如观看电影、参观游览等。而对课程表上安排的活动，比如学科校外实践、军训、实习等活动，学校则不能予以暂停和限制，否则会耽误学生的正常学习，妨碍其受教育权的实现。

第二，暂停学生参加外出集体活动只适用于特定的学生，即违反校规校纪且情节较重的学生，或者违纪后经过教师当场教育惩戒但拒不改正的学生。而对轻微违纪且已及时改正的学生，则不能采用暂停参加外出集体活动的教育惩戒措施。前述案例中，小廖在课堂上多次扰乱课堂秩序，应该是符合这一措施的适用条件的。

第三，暂停学生参加外出集体活动只能由学校来实施，教师个人不能越俎代庖去施行。这是一种较重的教育惩戒措施，因此《中小学教育惩戒规则（试行）》规定它的实施主体只能是学校，由学校来做出决定和执行，教师个人无权实施。在前述案例中，班主任吴老师自行决定不让小廖参加集体外出参观博物馆的活动，构成了越权，属于实施主体错误。正确的做法应当是，由教师向学校报告、申请，提出处理建议，再由学校来决定、实施这一措施。

第四，在决定对违纪学生实施暂停参加外出集体活动的惩戒后，要及时通知家长。按照《中小学教育惩戒规则（试行）》的规定，实施较重的惩戒措施，应当及时通知家长。而在前述案例中，吴老师只是告知小廖本人，而没有通知其家长，导致家长以为小廖第二天是正常上学去了，而没有采取相应的安全防范措施，从而引发了意外事故。正确的做法应当是，学校在做出决定后及时通知家长，取得家长的理解和配合，和家长共同安排好集体外出当天这个学生的学习活动。如果当天这个学生还来学校，那么就由学校对其另行安排相关教育教学活动。如果家长自愿申请当天孩子不来学校，那么就由家长安排孩子居家学习，保证其安全。

## 策略·建议

1. 学生违反校规校纪，情节较重或者经当场教育惩戒拒不改正的，学校可以对其实施暂停参加外出集体活动的教育惩戒，暂停其参加外出观看电影、参观游览等课程表以外的外出集体活动。

2. 暂停学生参加外出集体活动的惩戒措施，只能由学校实施，教师个人可以向学校提出处理意见，但不得自行决定和施行。学校在决定对违纪学生实施这一惩戒措施后，应当及时通知家长，防止发生安全事故。

相关规定

《中小学教育惩戒规则（试行）》第九条："学生违反校规校

纪，情节较重或者经当场教育惩戒拒不改正的，学校可以实施以下教育惩戒，并应当及时告知家长……（四）暂停或者限制学生参加游览、校外集体活动以及其他外出集体活动……"

# 38. 责令学生"停课、停学"，要遵守这些要求

● 案例

16岁的小刚是某中学初三学生。某日下午放学后，小刚到操场上打篮球。同班女生小静看见小刚脸上有汗珠，就上前用餐巾纸为他擦汗。这一亲昵的举止恰好被从一旁经过的班主任田老师看见。田老师当即把小静叫到办公室，给小静看了两页日记（是田老师私自从小刚放在课桌内的日记本上撕下来的，上面记录了小刚对另一名女生的好感），并对小静说，小刚很花心，脚踏两只船。从第二天起，田老师便不准小刚进教室上课，而让他先好好反省自己的错误。小刚的父母多次来到学校，恳求让孩子上课，都被田老师拒绝了。小刚的父母很着急，请律师向县委宣传部、县教育局和孩子所在学校发了法律建议书，要求让孩子上课。学校和教育局给田老师做工作，但田老师仍然不准小刚上课。直到五日后，学校校长下命令，小刚才进了教室。

但小刚因不堪心理压力，当天便离家出走，直到第二天下午才被找回。随后不久，小刚一纸诉状将田老师告上了法庭，要求田老师赔礼道歉并赔偿精神损失费。

关键词

停课
停学
适用对象
适用情形
情节严重
影响恶劣
实施期限
不超过一周
决策和实施主体
实施程序
事先告知
陈述和申辩
听证
申诉

法院经审理认为，田老师未经学生小刚的同意，偷看小刚的日记并给他人传阅，还在学生中讲有损小刚名誉的话，其行为已损害了小刚的名誉权和隐私权；同时，田老师以小刚早恋要求其写检讨为由，不准小刚上课学习，该行为侵害了小刚的受教育权。据此，法院判决田老师向小刚公开赔礼道歉并赔偿精神损失费。

对违纪的学生，学校能否让其停课、停学呢？有人认为停课、停学侵犯了学生的受教育权。实践中有学生因为被学校、教师停课，把学校和教师告到了法院，而且还打赢了官司。过去，停课、停学是否合法，是否侵犯学生的权利，一直有争议。但是，随着《中小学教育惩戒规则（试行）》的颁布和施行，这个问题有了明确的答案。根据《中小学教育惩戒规则（试行）》第十条的规定，小学高年级、初中和高中阶段的学生，违规违纪情节严重或者影响恶劣的，学校可以实施"给予不超过一周的停课或者停学，要求家长在家进行教育、管教"的教育惩戒，并应当事先告知家长。在这里，停课、停学是一种规则允许的教育惩戒措施。

那么，什么是停课、停学呢？首先，停课和停学都是指停止上课，但在程度上有轻重之分，停学比停课更重。停课，一般是指停止上课的时间不超过一天，或者某几天的某个时间段、某个课程停止上课。停学，则是指停止上课的时间在一天以上（包含一天）。其次，停课、停学期间，学生回到家里，由家长在家进行教育、管教。停课、停学绝不是对学生放任自流，把学生往家里一扔，学校、家长都不管了，而是要求家长履行监护职责，在家对学生进行教育、管教，督促学生改正错误。再次，在学生停课、停学期间，学校要采取适当方式安排学生的学习活动。例如，可以让教师给学生布置一定的学习任务、提供必要的辅导等，尽可能不耽误学生的正常学习。

作为一种严重的教育惩戒措施，停课、停学应当依法依规实施。按照规定，学校对违纪学生实施停课、停学的教育惩戒时，需要符合一定的条件，遵循一定的要求。

其一，停课、停学的适用对象。按照规定，停课、停学只适用于小学高年级、初中和高中阶段的学生，对小学中低年级学生则不适用。

其二，停课、停学的适用情形。停课、停学只适用于学生违规违纪情节严重或者影响恶劣的情形。什么样的情形属于违规违纪情节严重呢？一般应当由校规校纪做出明确规定。比如，实施了严重的学生欺凌或者打架斗殴行为，或者严重扰乱教育教学秩序的行为，或者给师生的安全和健康造成严重损害或严重威胁的行为等。什么叫违规违纪影响恶劣呢？一般是指学生的违纪行为造成师生恐慌，或者被媒体广泛报道后造成舆情危机，或者给学校的名誉造成严重损害等。只有在学生违规违纪情节严重或者影响恶劣的情况下，才能对其实施停课、停学的措施。

其三，停课、停学的实施期限。按照规定，停课、停学"不超过一周"，即最长期限是一周。目前我国中小学校每周的上课时间为5天，这意味着停课、停学最长期限是5天。以往，有的学校让违纪学生停课、停学10天或者两周，如果按照现在这个标准来判断，就属于违法违规了。

其四，停课、停学的决策和实施主体。停课、停学作为一种严重的教育惩戒措施，只能由学校决定和实施，决策权和执行权都在学校，教师个人无权决定和实施。

其五，停课、停学的实施程序。按照规定，停课、停学应当遵循以下程序和步骤。（1）事先告知。学校应事先告知违纪学生及其家长，校方拟对学生实施停课、停学的惩戒措施，并提示学生有权为自己申辩，有权要求学校举行听证。（2）听取陈述和申辩。在实施停课、停学之前，学校应听取学生的陈述和申辩。学生口头或书面申辩均可，若是口头申辩，学校应做好记录，并让学生本人签字。（3）根据学生或家长的要求举行听证。学校告知拟对违纪学生实施停课、停学后，如果学生或其家长申请听证，那么学校应当组织听证，充分保障学生的权益。（4）有条件的提前结束停课、停学。学生受到停课、停学的教育惩戒后，能够诚恳认错、积极改正的，学校可以提前终止停课、停学的惩戒，让其返校上课。

其六，停课、停学的权利救济。按照规定，实施停课、停学这类严重教育惩戒，要给予学生充分的救济权利，保障其申诉权。首先，学生及其家长对停课、停学的教育惩戒不服的，可以在该惩戒做出后 15 个工作日内向学校提起申诉，学校应当受理并及时做出申诉处理决定。其次，学生或家长对学校做出的申诉处理决定不服的，可向学校主管教育行政部门申请复核。再次，对复核决定不服的，学生可依法提起行政复议或者行政诉讼。

## 策略·建议

1. 小学高年级、初中和高中阶段的学生，违规违纪情节严重或者影响恶劣的，学校可以实施"给予不超过一周的停课或者停学，要求家长在家进行教育、管教"的教育惩戒，并事先告知家长。

2. 对违纪学生实施停课、停学的教育惩戒时，学校要坚持程序正当的原则，履行事先告知义务，说明事实和理由，并听取学生的陈述和申辩。学生或其家长申请听证的，学校应当组织听证。学生被停课、停学后能够诚恳认错、积极改正的，学校可以提前让其返校上课。

3. 学生或其家长对停课、停学的惩戒不服而提起申诉的，学校应当及时做出申诉处理决定，保障学生的申诉权。

相关规定

《中小学教育惩戒规则（试行）》第十条："小学高年级、初中和高中阶段的学生违规违纪情节严重或者影响恶劣的，学校可以实施以下教育惩戒，并应当事先告知家长：（一）给予不超过一周的停课或者停学，要求家长在家进行教育、管教……"

《中小学教育惩戒规则（试行）》第十四条："学校拟对学生实施本规则第十条所列教育惩戒和纪律处分的，应当听取学生的陈述和申辩。学生或者家长申请听证的，学校应当组织听证。学生受到教育惩戒或者纪律处分后，能够诚恳认错、积极改正的，可以提前解除教育惩戒或者纪律处分。"

《中小学教育惩戒规则（试行）》第十七条："学生及其家长对学校依据本规则第十条实施的教育惩戒或者给予的纪律处分不服的，可以在教育惩戒或者纪律处分作出后 15 个工作日内向学校提起申诉。学校应当成立由学校相关负责人、教师、学生以及家长、法治副校长等校外有关方面代表组成的学生申诉委员会，受理申诉申请，组织复查。学校应当明确学生申诉委员会的人员构成、受理范围及处理程序等并向学生及家长公布。学生申诉委员会应当对学生申诉的事实、理由等进行全面审查，作出维持、变更或者撤销原教育惩戒或者纪律处分的决定。"

《中小学教育惩戒规则（试行）》第十八条："学生或者家长对学生申诉处理决定不服的，可以向学校主管教育部门申请复核；对复核决定不服的，可以依法提起行政复议或者行政诉讼。"

## 39. 学生成心捣乱或者威胁他人安全，可对其实施"暂时隔离"

● 案例

有一天上语文课的时候，初一学生小陆在课堂上不停地转身跟同学说话。任课教师吴老师严厉地批评了他，但他不但没有收敛，反而跟老师顶嘴，还辱骂同学。眼看课堂秩序混乱，无法再继续上课，吴老师只好将小陆带离教室，让其去教导室接受批评教育。

**关键词**

暂时隔离

带离教室或者教学现场

扰乱课堂或者教育教学秩序

影响他人

可能对自己及他人造成伤害

实施程序

言语规劝

口头命令

看管和教育

在课堂上教师能不能让违纪的学生离开教室？如果学生不走，怎么办？根据《中小学教育惩戒规则（试行）》第十一条的规定，学生扰乱课堂或者教育教学秩序，影响他人或者可能对自己及他人造成伤害的，教师可以采取必要措施，将学生带离教室或者教学现场，并予以教育管理。这便是"暂时隔离"的措施规定。

那么，什么情况下可以对学生实施"暂时隔离"的措施呢？按照规定，对学生采取"暂时隔离"的措施，应当同时具备以下三个前提条件。一是学生实施了扰乱课堂或者教育教学秩序的行为。比如，在课堂上大喊大叫，故意发出怪异的响声，随意走动，随意侮辱或者殴打他人等。如果上面这些行为不是发生在课堂上，或者学生并没有实施扰乱课堂秩序的行为，那么就不能对其采取暂时隔离的措施。二是学生的行为影响他人，或者可能对自己及他人造成伤害。其中"影响他人"，一般是指学生的行为造成课堂秩序混乱，分散了教师和其他同学的注意力，导致他们无法集中精力正常上课和学习。而"可能对自己及他人造成伤害"，则是指学生在课堂上所实施的行为具有一定的危险性，可能对自己或者他人造成身体伤害。比如，不断地用言语挑衅、威胁别人，以头撞墙或实施其他自残行为，做危险的动作或玩弄危险的物品，以及殴打同学等。三是学生不听从教师的教育和制止。即学生实施了扰乱课堂秩序的行为后，任课教师对其进行了批评教育和制止，但学生并没有服从，违纪行为仍在持续。在满足上述前提条件的情况下，教师可以对学生采取暂时隔离的措施。

那么，暂时隔离应当怎样实施和执行呢？学生不是一件物品，可以直接搬走。如果学生不配合，怎么办？万一发生冲突，怎么办？这就涉及暂时隔离的实施程序。一般而言，应当按照以下两个步骤进行。

第一步，教师应当先通过言语规劝、口头命令的方式，要求学生暂时离开教室或课堂，等情绪稳定下来后再按照教师的要求返回。须特别强调的是，教师只能用语言提出要求，不能动手。有的教师直接去拉拽、推搡学生，这样很容易激起学生的抗拒情绪，甚至引发肢体冲突，造成局面失控。有人可能会问，如果教师要求学生离开课堂，但学生无动于衷，拒绝离开，那该怎么办？若出现这种情况，那就只能放弃暂时隔离的措施，而考虑采取其他教育惩戒方式。然而，如果情况非常紧急，学生的行为已经严重危及他自己或者其他同学的安全，不马上将其带走，就会产生严重的后果，这种情况下教师可以采取必要的肢体控制措施将学生带走，同时要尽量避免给其造成身体伤害。必要的时候，可以向其他教师寻求帮助和配合。如果学生的行为已经涉及违法犯罪，那么教师还应当及时报警。

第二步，学生离开教室后，教师要将其带到特定的、安全的场所，比如教师办公室、图书阅览室或者其他合适的场所，让其冷静下来，并且安排专人对其进行看管和教育。不能把学生赶出教室后，就对其不管不顾，放任自流。否则一旦出了事故，学校就会因为对学生疏于管理而须承担相应的法律责任。

1. 学生扰乱课堂或教育教学秩序，影响他人或者可能对自己及他人造成伤害，经教师批评教育后仍未改正的，教师可以对其实施暂时隔离的措施，将其带离教学现场，安排专人对其进行看管和教育，保证其安全。

2. 教师在对学生实施暂时隔离措施时，应当通过言语规劝、口头命令的方式，要求学生暂时离开教室或课堂，不可动手拉拽、推搡学生，要避免引发肢体冲突。

　　《中小学教育惩戒规则（试行）》第十一条："学生扰乱课堂或者教育教学秩序，影响他人或者可能对自己及他人造成伤害的，教师可以采取必要措施，将学生带离教室或者教学现场，并予以教育管理……"

# 40. 学生携带违规违法物品，教师有权"暂扣物品"

● 案例

对学生把手机带到学校，甚至在课堂上玩手机的行为，很多教师都感到头疼。对此，某中学想出了一个办法：先是召开全体学生大会，德育主任在会上发出严正告诫，如果学生私带手机没有上交老师保管，一旦被学校搜出，手机将会被当场砸烂。对这一警告，很多学生并未多想。紧接着，几天后的一个晚上，当同学们正在教室安静地上晚自习课的时候，几名教师突然走了进来，要求所有学生立即离开座位到教室外面，然后开始搜查起来。在翻看了全部的书桌、书包后，教师搜出了三部手机。

随后，当着全班同学的面，教师把搜出来的三部手机当场摔烂了。事情发生后，家长对教师的做法感到不满，遂找到学校进行交涉，媒体也开始介入报道。面对记者的采访，校长表示，教师是为了孩子们的学习着想，不过做法有些过激，损坏的手机，学校将责成教师予以赔偿。

实践中，个别学生可能会违反校规校纪，将一些禁止携带的物品带到学校甚至教室。这些物品主要有三类：第一类是一般的违规物品，即校规、班规禁止携带的物品，比如手机、平板电脑、言情小说等；第二类是违法违禁物品，比如管制刀具、毒品、色情图书等法律法规禁止携带或持有的物品；第三类是危险物品，比如鞭炮、汽油、硫酸以及其他易燃、易爆、有毒、有害物品。

对学生携带、使用违规物品的行为，学校、教师应当怎样处理呢？根据《中小学教育惩戒规则（试行）》第十一条的规定，教师、学校发现学生携带、使用违规物品或者行为具有危险性的，应当采取必要措施予以制止；发现学生藏匿违法、危险物品的，应当责令学生交出并可以对可能藏匿物品的课桌、储物柜等进行检查；教师、学校对学生的违规物品可以予以暂扣并妥善保管，在适当时候交还学生家长；属于违法、危险物品的，应当及时报告公安机关、应急管理部门等有关部门依法处理。

可见，对学生携带、使用违规物品的行为，学校、教师应当采取必要措施予以制止，并可以采取暂扣物品的措施。那么，暂扣物品应当怎样实施呢？应当遵循什么样的程序和步骤？怎样防止在暂扣过程中发生冲突或者意外事故呢？一般而言，学校、教师实施暂扣物品，可以考虑按照以下步骤进行。

第一步，告知暂扣的原因。即告知学生其违反了哪条校规校纪，犯了什么错误，现依据什么规定暂扣其物品。

第二步，让学生主动将违规物品交给教师。教师伸出手，让学生主动递过来，不要伸手去抢，否则一旦发生肢体冲突，局面可能就会失控。那学生要是不交，怎么办？如果学生不交，可以让其暂时离开教室或课堂，对其实施暂时隔离措施，或者考虑对其采取其他教育惩戒措施。然而，如果学生携带的物品正在或可能危及其自身或他人的人身安全，那么学校、教师可以采取适当的强制措施，将该物品予以暂扣并妥善处理。

第三步，告知归还期限。比如，教师拿到物品后要告诉学生本人："现在我先替你保管，放学后你来找我要，或者明天上午我直接交给你的家长。"这样做是为了缓解学生的焦虑和不安情绪，防止其做出极端行为。

第四步，对暂扣的一般的违规物品，学校、教师应当予以妥善保管，并及时归还。暂扣是暂时扣留，言外之意就是事后要及时归还和处理，不能拿走后就没有消息了。特别需要强调的是，学校、教师在暂扣学生的物品后，不得将物品抛弃、毁坏，或者将其永久性地占为己有、拒绝归还，否则就侵犯了学生的财产权，按照法律规定要承担恢复原状、赔偿损失等民事责任，情节严重的，还可能会构成故意毁坏财物罪、侵占罪等。

第五步，对违法违禁物品和危险物品，要依法依规处理。首先，发现学生携带或者藏匿违法违禁物品、危险物品的，学校、教师应当责令学生交出，并对其进行批评教育。其次，学生拒不交出或者藏匿违法违禁物品、危险物品的，学校、教师可以对可能藏匿物品的课桌、储物柜等进行检查。必要时，学校应通知家长予以配合处理。再次，对暂扣的违法违禁物品、危险物品，学校、教师要依法处理。按照规定，如果学生携带的是违法违禁物品，那么学校、教师在暂扣后应当汇报或者上交公安机关依法处理；如果学生携带的是危险物品，则应当汇报或者上交应急管理部门或者其他有关部门依法处理。

## 策略·建议

1. 一旦发现学生携带违规物品进入校园，学校、教师应当采取必要措施予以制止，并可予以暂时扣留，在合适的时候交还学生或其家长。属于违法违禁物品的，学校、教师在暂扣后应当汇报或者上交公安机关依法处理；属于危险物品的，则应当汇报或者上交应急管理部门或者其他有关部门依法处理。

2. 在暂扣违规物品的时候，学校、教师应当先向学生告知暂扣的原因，并让学生主动将违规物品交给教师，同时告知归还期限（针对一般的违规物品）或后续处理方式（针对违法违禁物品和危险物品），避免发生意外事件。

**相关规定**

　　《中小学教育惩戒规则（试行）》第十一条："……教师、学校发现学生携带、使用违规物品或者行为具有危险性的，应当采取必要措施予以制止；发现学生藏匿违法、危险物品的，应当责令学生交出并可以对可能藏匿物品的课桌、储物柜等进行检查。教师、学校对学生的违规物品可以予以暂扣并妥善保管，在适当时候交还学生家长；属于违法、危险物品的，应当及时报告公安机关、应急管理部门等有关部门依法处理。"

# 41. 暂扣学生物品后，要防范学生做出三种极端行为

　　学生的某些物品，特别是手机、平板电脑等贵重、心爱的物品被教师暂扣后，学生往往会产生焦虑、不安乃至愤怒的情绪，甚至可能因此做出极端行为。那么，学生可能会做出哪些极端行为？怎样去防范呢？

**关键词**

暂扣物品
极端行为
自杀、自残
"偷"回物品
伤害教师

## 一、防范学生做出自杀、自残行为

### ● 案例

　　据《安徽商报》报道，2018 年 3 月 21 日上午，小军在某中学教学楼上课，班主任要求小军拿出手机。虽然小军自认并没有玩手机，不愿交出，但终究还是将手机交给了班主任。随后，小军觉得委屈，跑出教室纵身越过护栏跳下，摔成重伤。事发后，小军将学校诉至法院。小军认为，教师收取其手机的时间、态度、方式存在过错，这一行为是促使其跳楼的主要诱因；教师在他情绪激动且上课时冲出教室时，未进行必要的管理、告诫和制止，学校因此存在重大过错，应承担赔偿责任。

　　法院经审理认为，教师在教学过程中，为维护正常的教学秩序，避免教学环境受到影响，让小军交出手机，体现对教师教学的尊重，不应苛责教师。但在收取小军的手机后至事发前，教师未及时关注小军的情绪

状态，也未通过其他方式教育引导；对小军跑出教室可能存在危险性，未进行必要的管理、告诫和制止。由此可见，教师具有过错，但过错应属轻微。据此，法院判决学校承担20%的责任，赔偿小军各项损失6.8万余元。

实践中，个别学生在物品被教师暂扣后，情绪失控，做出了自杀、自残等极端行为。学生为什么会这样做呢？可能有两个方面的原因。第一，学生感到委屈和不满，认为自己并没有违纪，教师不分青红皂白实施惩戒，冤枉了自己；或者认为教师没有一碗水端平，自己受到了不公平对待；或者认为教师暂扣的时候手段粗暴，自己受到了侮辱。总之感到非常委屈，于是选择以死来表达抗争。针对这类原因，教师在暂扣物品时，一定要耐心地解释暂扣的原因和依据，不要使用过激的言辞，不要与学生发生肢体冲突，要文明、公平地实施暂扣行为，同时留意学生的后续情绪反应，防止发生意外。第二，学生以为物品被学校、教师暂扣后，再也要不回来了，由此感到绝望；或者害怕被家长知道后，受到家长的责怪和惩罚，由此导致心理压力巨大，于是选择以死来逃避现实。针对这类原因，教师在暂扣物品的时候，一定要告知归还的日期，原则上当天或者过一两天就归还，并尽量归还给学生本人，而不是交给其家长，以减轻学生的焦虑、不安全感和不确定性，引导其耐心地等待。

## 二、防范学生铤而走险，"偷"回被暂扣的物品

• 案例

某中学学生小古在晚自习课上玩手机，值班教师发现后暂扣了小古的手机。两天后的晚自习时间，小古叫上同班同学小林一起去教师办公室，试图拿回被扣的手机。两人见办公室过道无人，便从未锁的窗户翻进办公室找手机。其间，恰巧有教师返回办公室。在门外听见办公室内有异常动

静后，该教师当即打电话报警。小古和小林担心被发现，遂从办公室外窗翻出至外面平台。在攀爬过程中，小林不慎坠落，当场昏迷。后经鉴定，小林构成了七级伤残。事发后，小林将学校和小古起诉至法院，要求二者共同承担赔偿责任。法院经审理，判决学校承担次要责任。

在这起事件中，学生为什么要急于"偷"回自己的物品呢？可能有两个方面的原因。一是学生认为教师暂扣手机没有道理，自己被冤枉了，或者受到了不公平对待，于是通过自力救济来维护所谓的"正义"。二是学生认为被扣留的物品有急用，自己离开它没法正常地学习和生活，于是铤而走险想要偷偷取回。那么，学校、教师该怎样避免此类情况出现呢？首先，在暂扣物品的时候，教师要耐心地做好解释工作，告知暂扣的原因和依据，公正、文明地实施暂扣，消除学生焦虑、不安等消极情绪。其次，凡是暂扣的物品，一律要放在学生看不见、接触不到的地方，以免诱惑学生产生偷偷取回的念头。再次，教师在暂扣物品后应尽早归还，让学生觉得完全没有必要选择偷拿这种违规又危险的方式。

## 三、防范学生在冲动之下伤害教师

### ● 案例

小李是某中学高三的一名学生。一日，某中学高三学生正在上晚自习，值班的吴老师发现小李同学在玩手机，于是将其手机暂扣后带回办公室。随后，小李两次到办公室找吴老师要手机，因吴老师不在，又返回教室。当晚9时许，小李第三次进入教师办公室，试图将手机拿走。在办公室备课的杜老师发现后，对小李进行了阻止。未料到，小李突然拿出随身携带的水果刀，朝着杜老师身上捅去，导致杜老师最终因流血过多，不治身亡。

学生因手机被扣而对教师行凶，一般发生在两种场合。第一种场合，在暂扣学生携带的违规物品时，教师强行去拿，而学生拒绝交付，双方由此发生冲突，学生为了"保住"物品而对教师实施暴力打击。为了防范这种情况的出现，教师在暂扣物品时，应向学生耐心解释和说明，让学生主动交出物品，而不要强行去拿，以免引发肢体冲突。第二种场合，学生的物品被教师暂扣并予以保管后，学生急于拿回来，遭到教师阻止后，强行夺取，并对教师实施伤害。为了防范这种情况的出现，教师除了要做好前面提及的诸多防范外，在处理暂扣物品过程中，应尽力避免与学生发生正面冲突。一旦发现学生情绪冲动，应立即停止暂扣行为，等学生情绪稳定后再考虑对其采取其他教育惩戒措施。

**策略·建议**

1. 在暂扣学生携带的违规物品时，学校、教师应当防范学生做出极端行为，包括自杀、自残行为，为偷偷取回被暂扣的物品而冒着危险攀爬门窗，为强行拿回被扣的物品而对教师实施暴力伤害等。

2. 为了防范学生做出极端行为，学校、教师在实施暂扣物品过程中，应当做好沟通和解释工作，取得学生的理解和配合，并按约定及时归还相关物品。应避免与学生发生正面冲突，预防发生意外事件。

**相关规定**

《中小学教育惩戒规则（试行）》第十一条："……教师、学校发现学生携带、使用违规物品或者行为具有危险性的，应当采取必要措施予以制止；发现学生藏匿违法、危险物品的，应当责令学生交出并可以对可能藏匿物品的课桌、储物柜等进行检查。教师、学校对学生的违规物品可以予以暂扣并妥善保管，在适当时候交还学生家长；属于违法、危险物品的，应当及时报告公安机关、应急管理部门等有关部门依法处理。"

# 42. "请家长"怎样避免发生意外事故

● 案例1

2017年11月12日下午，周末放假期间，某中学高三实验班班主任鲍老师让全班学生留在教室，观看一些励志视频，看完后写观后感。班上的尖子生罗某不想写观后感，于是鲍老师把他叫到办公室进行批评教育，并说要给他的家长打电话。罗某因为害怕家长知道自己在学校的表现，于是趁着鲍老师低头拨打电话之际，突然拔出随身携带的弹簧刀，刺向鲍老师的脖子。鲍老师经医院抢救无效身亡。

关键词

请家长

不属于惩戒方式

商量教育对策

家校共育

避免发生意外事故

预见风险

采取防范措施

保护学生安全

● 案例2

2020年9月开学后的一天，某中学学生小余和同学在教室里玩扑克牌。班主任发现后，批评了小余，并打电话请小余的家长来学校一趟。小余的母亲赶到学校后，当着同学的面，动手打了小余两个耳光。未料到，转眼的工夫，小余突然爬上楼道的护栏，从五楼跳了下去。

"请家长"是很多教师都使用过的一种教育手段。但《中小学教育惩戒规则（试行）》列举的各种教育惩戒措施中，并没有"请家长"这种惩戒方式。可见，"请家长"并不是一种针对学生的惩戒措施。从学校、教师的角度看，对学生的教育离不开家长的配合，把家长请到学校当面沟通，共同商量对孩子的教育对策，这是再正常不过的事情。然而，从学生的角度看，由于很多教师是在学生违纪或者犯错误之后，通知家长来学校面谈，先有违纪，后有"请家长"，且家长在事后往往对孩子多有责怪，因此一些学生往往认为"请家长"是对自己的一种惩罚，由此产生消极情绪，甚至做出极端行为。

那么，在"请家长"的过程中，如何避免学生出现过激反应，甚至酿成意外事故呢？

第一，要明确"请家长"的目的是实现家校共育，而不是责怪家长、惩罚学生。"请家长"不是为了问责家长、发泄心中的不满，更不是为了让学生感到难堪、付出代价。不能因为学校、教师治不了学生，就请家长来学校治一治学生，灭一下学生的威风。如果是抱着这种态度，那么早晚有一天会出事，不是家长不干了，就是孩子心生怨恨。"请家长"只能是一种沟通、协调措施，是教师把家长请到学校，一起商量对孩子的教育、管理对策。这是教师和家长沟通信息、共同谋划和密切配合的一种措施，而不是对孩子的惩罚和羞辱。

第二，"请家长"不要当着学生的面进行，甚至可以不让学生知道教师请家长了。不要在生气的时候当着学生的面给家长打电话请他到学校来，也不要让学生自己给家长打电话。因为那样的话，学生自然会认为，"请家长"是教师的一种手段，是对自己的一种惩罚，其抵触情绪将油然而生，教育效果也会大打折扣。

第三，把家长请到学校之后，不要让其在学校教训孩子，甚至可以不让家长和孩子在学校见面。家长在学校训斥孩子，会让孩子的自尊心受到伤害，心理压力陡增，爱面子、逆反心理强的孩子可能会因此做出极端行为。既然教师把家长请到学校了，就得对家长和孩子的安全负责。如果孩子与家长在学校见面后发生冲突，甚至酿成人身伤害事故，那么学校和教师就会因为没有合理预见到可能存在的风险并采取防范措施，而须承担法律责任。

**策略·建议**

1. 对违规违纪情节严重或者屡教不改的学生，学校、教师可以让其家长到学校一起商量教育对策，但不应借此责怪家长、惩罚学生。
2. 不要把"请家长"作为一种惩罚学生的手段；不要当着学生的面"请家长"；把家长请到学校后，应采取措施避免家长与孩子在学校发生冲突，注意保护学生的安全。

**相关规定**

《中华人民共和国家庭教育促进法》第四十三条："中小学校发现未成年学生严重违反校规校纪的，应当及时制止、管教，告知其父母或者其他监护人，并为其父母或者其他监护人提供有针对性的家庭教育指导服务；发现未成年学生有不良行为或者严重不良行为的，按照有关法律规定处理。"

# 43. 纪律处分有哪些，怎样实施

● 案例

据媒体报道，2016 年 3 月初，某中学 12 名高中生由于违反校规在学校使用手机，被学校给予劝退的处分。家长向学校求情遭拒绝后，又向当地教育局反映，并向媒体求助，此事引起社会广泛热议。3 月 27 日，学校就劝退学生一事发布声明称，将维持对 12 名违纪学生的处理决定。声明还称，此次处理 12 名违纪学生，并非学校"不教而诛"的突然之举，而是在多次告知、教育无效的情况下，为维护大多数学生利益而做出的无奈之举。此后，当地教育局介入调查。3 月 31 日，教育局发布通报称，坚持教书育人根本宗旨，践行以生为本、以教育为主管理理念，在批评教育、本人认识错误的基础上，12 名学生立即返校学习。学校对返校学生要倍加关心、爱护，采取多种方式做好心理疏导和学业指导，使其尽快进入正常学习、生活状态。

**关键词**

纪律处分

纪律处分的种类

适用对象

考察期限

基本要求

实施程序

陈述和申辩

送达

根据《中华人民共和国教育法》等法律、法规、规章的规定，学校有权对学生实施纪律处分。纪律处分是对学生进行警示教育的一种手段。按照规定，对违规违纪情节严重，或者经多次教育惩戒仍不改正的学生，学校可以给予纪律处分。纪律处分包括警告、严重警告、记过、留校察看和开除学籍。实践中，有些学校还规定了记大过、劝退、勒令退学等处分。严格来说，这些处分是不规范的，不符合教育部以及各省市教育行政部门对纪律处分的规定。

## 一、纪律处分的适用对象

纪律处分适用于什么人呢？一般认为，8 周岁以下无民事行为能力人，也就是中低年级的小学生，他们的辨别力、自制力较弱，是非观尚处于形成阶段，学校对其负有较重的教育和管理职责，因此对他们的违纪行为，不适用纪律处分，而应当采取批评教育或法律规定的教育惩戒方式。因此，纪律处分适用于小学高年级、初中和高中阶段的学生。其中，对违规违纪情节严重，或者经多次教育惩戒仍不改正的学生，学校可以给予警告、严重警告、记过或者留校察看的纪律处分。对高中阶段学生，还可以给予开除学籍的纪律处分。

## 二、纪律处分的考察期限和撤销

对警告、严重警告、记过、留校察看处分，一般应规定一定的考察期。例如，警告、严重警告的考察期可以是三个月，记过、留校察看的考察期可以是六个月。学校对受到纪律处分的学生应当加强考察和教育。在考察期限内，学生确有悔改表现的，学校可以撤销对其给予的纪律处分。学校对学生的处分决定应当存入学生本人档案。撤销处分的，应当将处分决定取出，存入学校的文书档案。

## 三、纪律处分的基本要求

纪律处分，要求做到依据明确、证据充分、程序正当、定性准确、处分适当。

依据明确，是指纪律处分应当有事先制定的校规作为适用依据。法无明文规定不为罪，法无明文规定不处罚。某种行为是否构成违纪，应当给予何种处分，都应当由校规事先做出明确规定。校规没有规定的，不得予以处分。为此，学校应当制定关于学生违纪和纪律处分的校规校纪。学校应当结合本校学生特点，依法制定、完善相关校规校纪，明确学生行为规范，健全实施纪律处分的具体情形和规则。学校在制定相关校规校纪时，应当广泛征求教职工、学生和学生父母或者其他监护人（以下称家长）的意见；有条件的，可以组织有学生、家长及有关方面代表参加的听证。校规校纪应当提交家长委员会、教职工代表大会讨论，经校长办公会议审议通过后施行，并报主管教育部门备案。

证据充分，是指学生违纪的事实，应当有相应的、充分的证据予以证明。不得在没有充分证据支持的情况下，仅凭怀疑和猜测，就推断学生存在违纪行为，从而对其给予纪律处分。为此，学校在对学生做出处分之前，要进行充分的调查、取证，要通过正当的途径，掌握学生违纪的详细情况，没有证据支持的怀疑、推断不得作为定案处理的依据。

程序正当，是指对学生实施纪律处分的过程、流程应当符合法律及国家有关规定，坚持公开、公平、公正的原则，充分保障被处分学生的合法权益。

定性准确，是指学生的行为是否构成违纪、属于哪一类违纪，应当在事实清楚、证据确凿的基础上做出准确的界定。

处分适当，是指学校对学生做出的纪律处分应当轻重合适。对违纪学生处以何种纪律处分，应当根据学生违纪情节的轻重，并考虑学生承认错误和决心改正的态度，以及年龄大小等因素综合确定。

## 四、纪律处分的实施程序

法谚云："正义不仅应当得到实现，而且应以人们能够看得见的方式加以实现。"此处"看得见"的正义就是指"程序正当"。为了保证纪律处分的法律效力，也为了防止学校和教师滥用权力，保障学生的合法权益，学校对学生实施纪律处分应当遵循程序正当的原则。

一般而言，对学生的纪律处分应当按照以下流程实施。

### （一）调查取证，查清违纪事实

首先由学生管理部门（如德育处、教导处等）开展调查取证，查明学生违纪的详细情况，为实施处分奠定基础。

### （二）拟定处分措施，报校长办公会议讨论通过

学生管理部门在查明学生违纪事实的基础上，经综合考虑，初步拟定纪律处分的具体方案，并报校长办公会议讨论通过。

### （三）将拟定处分措施告知违纪学生及其家长，听取其陈述和申辩

在做出正式的处分决定之前，学校应当将拟定的处分措施以及事实、理由和依据，告知违纪学生本人及其家长，并告知其有权进行陈述和申辩。其中，对严重的纪律处分（如记过、留校察看、开除学籍），学校应告知学生及其家长有权申请听证。

学校应当听取学生及其家长的陈述和申辩。对学生及其家长在申辩过程中提出的事实、理由和依据，学校应当进一步核实和调查，经核实、调查成立的，学校应当予以采纳。

## （四）应学生及其家长的要求，组织听证

对记过、留校察看、开除学籍的纪律处分，学生或者家长申请听证的，学校应当组织听证，充分听取学生一方的陈述和申辩，保障其合法权益。

## （五）做出纪律处分决定书

在听取学生及其家长的陈述和申辩后，学校仍决定对学生实施纪律处分的，应当及时做出正式的纪律处分决定书。纪律处分决定书的内容应当包括：违纪学生姓名、所在班级；学生违纪的事实；给予纪律处分的理由及依据；纪律处分的具体种类（如警告、记过等）；受处分学生依法享有的权利（如可向学校提出申诉等）。

## （六）送达

学校在做出纪律处分决定书之后，应当及时通过邮寄送达或当面交接的方式，将决定书送达给学生本人及其家长，并告知其依法享有的权利。

## （七）复核学生提出的申诉

如果学生向学校提出申诉，学校的学生申诉受理机构应当予以受理，并对学生的申诉进行复核。学校复查后，应当依据具体情况，做出撤销、维持或变更处分的复核决定。复核决定仍然对违纪学生实施纪律处分的，学校应当告知学生及其家长有权向上级教育行政部门提出申诉。

策略·建议

1. 对违规违纪情节严重，或者经多次教育惩戒仍不改正的学生，学校可对其给予纪律处分。其中，对小学高年级、初中和高中阶段的学生，可给予警告、严重警告、记过、留校察看的处分；对高中阶段

的学生，还可给予开除学籍的处分。

2. 学校对学生实施纪律处分，应当做到依据明确、证据充分、程序正当、定性准确、处分适当。

3. 学校对学生实施纪律处分的过程、流程应当符合法律及国家有关规定，坚持公开、公平、公正的原则，充分听取学生及其家长的陈述和申辩，并依法依规送达纪律处分决定书，充分保障被处分学生的合法权益。

相关规定

《中华人民共和国教育法》第二十九条："学校及其他教育机构行使下列权利……（四）对受教育者进行学籍管理，实施奖励或者处分……"

《中小学教育惩戒规则（试行）》第十条："……对违规违纪情节严重，或者经多次教育惩戒仍不改正的学生，学校可以给予警告、严重警告、记过或者留校察看的纪律处分。对高中阶段学生，还可以给予开除学籍的纪律处分……"

# 44. 怎样管理做出"严重不良行为"的学生

● 案例

据湖南省湘乡市公安局通报，2022年7月至8月，崔某某（男，14岁）伙同他人三次从外地窜至湘乡作案13起，盗得香烟、手机、摩托车、现金等财物，折合人民币30000余元。

8月31日，湘乡市公安局昆仑桥派出所办案民警在湘潭市岳塘区成功抓获崔某某，但因崔某某实施违反刑法规定的行为时，不满法定刑事责任年龄，因而不予刑事处罚，遂依法对其处以行政拘留13日（不予执行）的处罚。同时，民警获悉7月5日崔某某因盗窃被公安机关依法查处过，但因其系未成年人，同样是行政拘留不执行。除崔某某外，刘某某（男，15岁）、肖某某（男，16岁）、文某（男，15岁）三人也因实施盗窃行为被公安机关抓获，三人所盗物品的金额均已达到刑法规定的盗窃罪的入罪标准，但因其实施违反刑法规定的行为时，尚不满法定刑事责任年龄，因而不予刑事处罚，而由公安机关依法对三人分别处以行政拘留15日、15日、10日（不予执行）的处罚。

随后，在湘潭、湘乡两级公安的积极推动下，经湘潭市专门教育指导委员会评估小组各成员单位评估，一致认为崔某某、刘某某、肖某某、文

**关键词**

不良行为

教育惩戒

严重不良行为

矫治教育措施

专门学校

专门教育

申请送入

强制送入

专门矫治教育

某符合专门教育条件，遂于9月1日、9月7日、9月7日、10月4日，先后将四人送押至邵阳市青少年教育学校专门矫治教育6个月。

前述案例中，四名少年因实施严重不良行为，被公安机关依法送至专门学校进行专门矫治教育。那么，什么是严重不良行为呢？

2020年12月新修订的《中华人民共和国预防未成年人犯罪法》规定了"不良行为"和"严重不良行为"。其中，不良行为，是指未成年人实施的不利于其健康成长的下列行为："（一）吸烟、饮酒；（二）多次旷课、逃学；（三）无故夜不归宿、离家出走；（四）沉迷网络；（五）与社会上具有不良习性的人交往，组织或者参加实施不良行为的团伙；（六）进入法律法规规定未成年人不宜进入的场所；（七）参与赌博、变相赌博，或者参加封建迷信、邪教等活动；（八）阅览、观看或者收听宣扬淫秽、色情、暴力、恐怖、极端等内容的读物、音像制品或者网络信息等；（九）其他不利于未成年人身心健康成长的不良行为。"按照规定，对实施了不良行为的学生，学校应当加强管理教育。对拒不改正或者情节严重的，学校可以依据校规校纪予以纪律处分，或者对其实施下列教育惩戒和管理措施："（一）予以训导；（二）要求遵守特定的行为规范；（三）要求参加特定的专题教育；（四）要求参加校内服务活动；（五）要求接受社会工作者或者其他专业人员的心理辅导和行为干预；（六）其他适当的管理教育措施。"

严重不良行为，是指未成年人实施的有刑法规定、因不满法定刑事责任年龄不予刑事处罚的行为，以及严重危害社会的下列行为："（一）结伙斗殴，追逐、拦截他人，强拿硬要或者任意损毁、占用公私财物等寻衅滋事行为；（二）非法携带枪支、弹药或者弩、匕首等国家规定的管制器具；（三）殴打、辱骂、恐吓，或者故意伤害他人身体；（四）盗窃、哄抢、抢夺或者故意损毁公私财物；（五）传播淫秽的读物、音像制品或者信息等；（六）卖淫、嫖娼，或者进行淫秽表演；（七）吸食、注射毒品，或者向他人提供毒品；（八）参与赌博赌资较大；（九）其他严重危害社会的行为。"

那么，学生做出严重不良行为后，我们该怎样处置呢？实践中，对实施严重不良行为的学生，处置的主体以及相关教育、管理和矫治措施主要包括以下几种情况。

第一，由公安机关采取矫治教育措施。

按照规定，公安机关接到举报或者发现未成年人有严重不良行为的，应当及时制止，依法调查处理，并可以责令其父母或者其他监护人消除或者减轻违法后果，采取措施严加管教。《中华人民共和国预防未成年人犯罪法》第四十一条规定："对有严重不良行为的未成年人，公安机关可以根据具体情况，采取以下矫治教育措施：（一）予以训诫；（二）责令赔礼道歉、赔偿损失；（三）责令具结悔过；（四）责令定期报告活动情况；（五）责令遵守特定的行为规范，不得实施特定行为、接触特定人员或者进入特定场所；（六）责令接受心理辅导、行为矫治；（七）责令参加社会服务活动；（八）责令接受社会观护，由社会组织、有关机构在适当场所对未成年人进行教育、监督和管束；（九）其他适当的矫治教育措施。"

第二，送入专门学校接受专门教育。

对有严重不良行为的未成年人，还可以依法将其送入专门学校（类似于过去的工读学校）接受专门教育。具体又可分为两种情况。

一是由家长或学校申请送入。对有严重不良行为的未成年人，未成年人的父母或者其他监护人、所在学校无力管教或者管教无效的，可以向教育行政部门提出申请，经专门教育指导委员会评估同意后，由教育行政部门决定送入专门学校接受专门教育。

二是由教育行政部门会同公安机关强制送入。《中华人民共和国预防未成年人犯罪法》第四十四条规定："未成年人有下列情形之一的，经专门教育指导委员会评估同意，教育行政部门会同公安机关可以决定将其送入专门学校接受专门教育：（一）实施严重危害社会的行为，情节恶劣或者造成严重后果；（二）多次实施严重危害社会的行为；（三）拒不接受或者配合本法第四十一条规定的矫治教育措施；（四）法律、行政法规规定的其他情形。"

第三，强制进行专门矫治教育。

根据《中华人民共和国预防未成年人犯罪法》第四十五条的规定，未成年人实施刑法规定的行为、因不满法定刑事责任年龄不予刑事处罚的，经专门教育指导委员会评估同意，教育行政部门会同公安机关可以决定对其进行专门矫治教育。

按照要求，各省级人民政府，至少确定一所专门学校按照分校区、分班级等方式，设置专门场所，对符合条件的未成年人进行专门矫治教育。这些专门场所实行闭环管理，公安机关、司法行政部门负责未成年人的矫治工作，教育行政部门承担未成年人的教育工作，以实现良好的矫治教育效果。

## 策略·建议

1. 严重不良行为，是指未成年人实施的有刑法规定、因不满法定刑事责任年龄不予刑事处罚的行为，以及《中华人民共和国预防未成年人犯罪法》规定的寻衅滋事、非法携带国家规定的管制器具、故意伤害他人身体、传播淫秽的音像制品等九种严重危害社会的行为。

2. 对实施严重不良行为的学生，公安机关接到举报或者发现后应当及时制止，依法调查处理，并可以根据具体情况采取予以训诫、责令具结悔过等矫治教育措施。情形严重的，经专门教育指导委员会评估同意，教育行政部门会同公安机关可以决定将其送入专门学校接受专门教育。对实施刑法规定的行为、因不满法定刑事责任年龄不予刑事处罚的未成年人，经专门教育指导委员会评估同意，教育行政部门会同公安机关可以决定对其进行专门矫治教育。

3. 对有严重不良行为的未成年人，未成年人的父母或者其他监护人、所在学校无力管教或者管教无效的，可以向教育行政部门提出申请，经专门教育指导委员会评估同意后，由教育行政部门决定送入专门学校接受专门教育。

**相关规定**

《中华人民共和国刑法》第十七条："已满十六周岁的人犯罪，应当负刑事责任。已满十四周岁不满十六周岁的人，犯故意杀人、故意伤害致人重伤或者死亡、强奸、抢劫、贩卖毒品、放火、爆炸、投放危险物质罪的，应当负刑事责任。已满十二周岁不满十四周岁的人，犯故意杀人、故意伤害罪，致人死亡或者以特别残忍手段致人重伤造成严重残疾，情节恶劣，经最高人民检察院核准追诉的，应当负刑事责任。对依照前三款规定追究刑事责任的不满十八周岁的人，应当从轻或者减轻处罚。因不满十六周岁不予刑事处罚的，责令其父母或者其他监护人加以管教；在必要的时候，依法进行专门矫治教育。"

# 第5章
# 学生安全管理

生命不保，何谈教育？保护在校学生的安全与健康，是学校及教职工的首要职责。教师应当严格落实岗位安全管理职责，采取有效措施消除潜在的安全隐患，积极预防、妥善处理学生伤害事故。

# 45. 危险来临时不能自己先跑：
## 教师对学生负有多项安全职责

● 案例

"5·12"汶川大地震发生时，某中学语文教师范某某正在教室授课，危险时刻他没有组织疏散学生，甚至未对学生喊一声"快跑"，便自顾飞快地冲出教室，第一个跑到学校操场的中央。

在范某某事后撰写的一篇网络文章中，他这样解释自己的行为："我从来不是一个勇于献身的人，只关心自己的生命，你们不知道吗？上次半夜火灾的时候我也逃得很快！""在这种生死抉择的瞬间，只有为了我的女儿我才可能考虑牺牲自我，其他的人，哪怕是我的母亲，在这种情况下我也不会管的。"范某某的言行引起了很大争论。有人认为，范某某作为教师，危难之时自顾逃生，没有履行保护学生的义务，其行为明显失职，应当受到谴责。也有人认为，教师也是普通人，也有逃生的本能，不能苛求其危难时刻"以命换命"，尽管范某某在事后发表了不恰当的言论，但其逃生行为无可指责。

关键词

学生安全
保护职责
一岗双责
考勤
安全教育和管理
危险行为
"放羊"状态
组织学生撤离
及时救助
设施、设备安全
安全信息

上课时突然发生地震，教师可以丢下学生自己先跑吗？课堂上或者课间，有学生打架或者做危险的动作，教师可以置之不理吗？答案当然是不能！因为教师的职责除了教书育人之外，还有一项更为重要，那就是保护学生的安全。生命不保，何谈教育？对任何一个家庭而言，孩子的生命安全和健康问题在任何情况下都是头等大事。可以说，孩子在校的安全问题，关系到千家万户的切身利益，关系到社会的和谐稳定。对学校而言，安全是办学的底线，要切实将校园建设成最阳光、最安全的地方。

未成年学生年龄小，活泼好动，好奇心强，而辨别能力和自我控制能力较弱，自我保护意识和自我保护能力不强，因而很容易发生安全事故。鉴于此，我国法律规定，学校对在校学生负有教育、管理和保护职责，应当建立健全校园安全管理制度，保障未成年人在校期间的人身和财产安全。学校的这一职责，是通过全体教职工来实现的。按照规定，每一位教职工都是一岗双责，既要做好本岗位的本职业务工作，还要承担与岗位相关联的安全管理工作。教育部于 2013 年印发的《中小学校岗位安全工作指导手册》，详细规定了校长、年级组长、班主任、任课教师、水电工、门卫、保洁员等 40 个岗位各自应承担的具体安全职责。

## 一、任课教师的安全职责

一名普通任课教师，对学生的安全主要负有下列 8 项职责。

一是课前查考勤。任课教师在课前应当清点学生人数，发现有无故旷课、缺勤的，应当立即上报班主任或者通报家长，以防有学生在上学路上出了意外，或者上学期间逃课，学校、家长两头都不知道，而错过最佳救助或教育时机。

二是学科教学过程中加强对学生的安全教育和管理，防止发生事故。体育课、活动课、实验课等，在课前及上课过程中要对学生开展充分的安全教育，教师要进行安全操作示范，对学生加强监管，防止发生意外事故。

三是及时制止学生做出的危险行为。如果学生在课堂上实施了危险的操作，做出了危险的动作或者打闹斗殴，教师应当及时予以制止，并进行教育和告诫。

四是上课期间坚守岗位，不擅离职守。上课过程中，如果教师中途离开课堂，去办公室拿教具，上厕所或干别的事情，一旦学生在无人看管的情况下压力释放，打闹受伤，那么学校须承担疏于管理的责任。

五是不提前下课，避免学生处于"放羊"状态。下课时间未到，倘若教师让学生提前下课，结果学生在自行活动过程中受伤，那么学校会因为对课堂疏于管理而须承担相应的赔偿责任。

六是危难时刻及时组织学生撤离。上课过程中突发地震、火灾，歹徒突然闯入，或发生其他危及师生安全的紧急情况，任课教师应及时、有序地将学生疏散到安全地带，妥善处理，并立即向学校领导汇报，绝不能不顾学生安危，擅离职守，自行逃离。

七是开展"放学前一分钟安全教育"。每天上最后一节课的任课教师，在下课前，应当结合当时的安全形势和实际教育需要，提醒学生回家路上注意交通安全，防拐防骗防抢劫，防范各种伤害事故。

八是一旦发生事故，应及时救助受害学生。课堂上，发现学生身体不适或者受到意外伤害，教师应及时将学生送往医务室或者拨打急救电话，并立即向学校汇报。情况特别紧急的，掌握急救知识的教师还应根据学生的伤情及时采取包扎止血、人工呼吸、心肺复苏等紧急救援措施。

## 二、班主任的安全职责

如果担任班主任，除了须履行任课教师的安全职责外，还得另行承担下列 3 项安全管理职责。

一是对本班教室内的设施、设备安全负责。班主任平时应当注意检查班级设施、设备的安全情况，发现设施、设备存在安全隐患的，比如窗户玻璃破了、门坏了、灯不亮了，应及时上报总务处或后勤部门，提醒其及时维修，防止因设施、设备安全问题而引发事故。

二是做好学生安全信息的统计、通报、管理工作。例如，发现班里学生的健康状况异常、精神不佳，班主任应及时与家长联系，同时做好救助、保护工作。发现学生生病请假，应询问病因，如为传染病，应及时向学校和有关部门汇报，以便及时对密切接触者进行隔离或诊断治疗。对班里的特异体质学生（如患有先天性心脏病、哮喘病、高血压等疾病的学生），班主任应做好记录和统计，以便在开展体育运动、劳动及其他身体活动量较大的活动时，对其给予特殊安排和照顾，防止发生意外。

三是经常性地对学生开展安全教育。班主任要利用班会课或其他专门时间，经常性地对本班学生开展国家及学校规定的各个方面的安全教育，提高学生的安全防范意识和自我保护能力。

总而言之，加强安全防范，保护在校学生的人身和财产安全，预防发生事故，每位教师都责任重大，责无旁贷。

## 策略·建议

1. 生命不保，何谈教育？教师在日常工作中，应当切实履行规定的安全职责，保护学生的人身安全，防止发生安全事故。

2. 任课教师应当履行以下安全职责：课前查考勤；学科教学过程中加强对学生的安全教育和管理工作；及时制止学生做出的危险行为；上课期间不擅离职守；不提前下课；危难时刻及时组织学生撤离；按照规定对学生开展"放学前一分钟安全教育"；发生事故后，及时救助受害学生。

3. 班主任还应对学生履行以下安全职责：对本班教室内的设施、设备安全负责；做好学生安全信息的统计、通报、管理工作；利用班会等场合经常性地对学生开展安全教育。

## 相关规定

《中华人民共和国未成年人保护法》第三十五条："学校、幼儿园应当建立安全管理制度，对未成年人进行安全教育，完善安保设施、配备安保人员，保障未成年人在校、在园期间的人身和财产安全……"

《新时代中小学教师职业行为十项准则》第六条："加强安全防范。增强安全意识，加强安全教育，保护学生安全，防范事故风险；不得在教育教学活动中遇突发事件、面临危险时，不顾学生安危，擅离职守，自行逃离。"

# 46. 课前勿忘点名，落实考勤事关学生安危

## ● 案例

据《广州日报》报道，某日下午1点左右，在某小学就读的阿文和同学结伴上学。途中，阿文看到河里有人游泳，不顾阿力和小伟的劝阻，脱了衣服就跳入河中，不幸溺水身亡。当天下午3点，阿文的班主任发现阿文不在学校，于是打电话给阿文的父母，电话未打通。半小时后，警方通知学校，发现阿文溺水身亡。随后不久，阿文的父母将学校告上法庭，请求法院判令学校赔偿10万余元。阿文的父母认为，阿文溺水时间是下午3点，学校下午1点40分上课，学校应清楚每名学生的到校情况，切实担负起管理职责，在上课时间学校对学生缺乏严格的监督和管理，是导致此次事故发生的主要原因。学校则认为，阿文出事的地点是在学校无法控制的校外环境，学校对学生已尽到教育和管理的义务，在主观上不存在过错，更与阿文的溺水没有任何因果关系，所以不同意赔偿。

法院经审理认为，阿文在上课时间未请假而缺课，其家长作为监护人未尽到监护的职责，导致损害后果发生，家长在主观上有疏于监督的过失。学校对缺课学生未及时清点、查找，并及时通知学生的家长，其在主观上也有疏于监督的过失，应承担与其过错相应的赔偿责任，即承担30%

| 关键词 |
| --- |
| 考勤制度 |
| 缺勤 |
| 旷课 |
| 安全信息 |
| 通知家长 |
| 点名 |

的责任。据此，法院判决学校赔偿阿文的父母 4.7 万元（其中包括精神损害抚慰金 2 万元）。

过去，考勤制度只是被当作一项纪律管理手段，对那些旷课达到一定次数的学生进行警告、记过、开除等纪律处分，以此来确保基本的教育教学秩序，督促学生好好学习。其实，除了这一功能外，考勤制度更大的价值在于，它还是一项重要的学生安全管理手段。通过落实考勤，及时发现学生缺勤、旷课的情况，并在第一时间与学生的家长进行联络、通报，防止意外发生，从而实现家庭保护与学校保护之间的适时衔接。考勤制度缺失或不健全，将会导致学校无法及时了解学生在校上学的情况，也会阻碍学校与学生的家长之间及时沟通学生的安全信息，从而影响到家庭和学校对学生监管职责的履行。

在前述案例中，阿文并未到校上学，溺亡事件系其自行在校外玩耍而引发，从表面上看，好像与学校没什么关系，学校似乎不应当为此承担责任。但问题在于，在未成年学生上学期间，按照法律规定，学校对学生负有特定的职责——教育、管理和保护之责。这一职责的基本内涵之一，便是学校发现未成年学生在规定的上学时间没有到校上课，应当及时将情况通报给学生的家长。这是学校基于保护职责而产生的"通知"义务。因为按照常规，未成年学生如因生病或其他事由未能到校上课，应当事先向学校请假。在孩子背着书包走出家门时，家长有理由相信在规定的上学时间孩子应当在学校接受教育。而学校作为负有管理和保护职责的一方，在学生的家长未事先请假的情况下，发现学生在规定的上学时间没有到校上课，理应及时将这一异常情况通知给学生的家长，以便家长及时履行监护职责。学校未履行这一义务的，即构成管理和保护上的疏忽，应当对发生的损害后果承担相应的法律责任。

而学校履行"通知"义务的前提，是学校建立健全学生考勤制度。只有建立了考勤制度，上学期间及时对学生进行"点名"，才能及时发现学生缺勤、旷课的情况。鉴于此，教师上课的时候，要做的第一件事就是点名，检查学生的出勤情况。发现学生旷课的，要立即跟班主任联系，或者直接给学生的家长打电话，问问怎么回事。这样，教师就代表学校履行了考勤和安全信息通报义务，减少了学生的安全风险，也预防了潜在的法律纠纷。

1. 任课教师上课前应当认真检查学生的出勤情况，一旦发现学生缺勤、擅自离校的情况，应当立即通知学生的家长，或者立即告知班主任，再由班主任及时通知学生的家长，并向家长询问缘由，提醒家长关注学生的安全。

2. 对学生自己交来的请假条，班主任应当向家长进行核实，确认家长知情并同意学生请假，以防个别学生假借家长的名义行逃学之实。

3. 对违反考勤制度的学生（如出现迟到、早退、擅自离校、旷课等情况），学校和教师应当给予批评教育或适当的教育惩戒。

《中华人民共和国预防未成年人犯罪法》第三十四条："未成年学生旷课、逃学的，学校应当及时联系其父母或者其他监护人，了解有关情况；无正当理由的，学校和未成年学生的父母或者其他监护人应当督促其返校学习。"

《中小学幼儿园安全管理办法》第二十四条："学校应当建立

学生安全信息通报制度，将学校规定的学生到校和放学时间、学生非正常缺席或者擅自离校情况以及学生身体和心理的异常状况等关系学生安全的信息，及时告知其监护人。"

# 47. 怎样防止课堂上发生安全事故

● 案例

暑假期间，某中学组织本校初二学生补课。一日，物理教师李某在班上讲授"做功和内能的改变"原理课。李老师在没有讲明本次实验应注意的事项，且没有采取必要的安全防范措施的情况下，就拿起放有少量棉花和火柴的空气压缩引火仪，做演示实验，并让学生注意观察。李老师演示完毕后，学生小东申请动手做实验。经李老师允许，小东把空气压缩引火仪放在自己的课桌上，对仪器迅速加压，很快便达到实验效果，仪器试管内开始冒烟。随后，班上另一名学生小海在没有经过老师允许的情况下，擅自将实验仪器拿到自己的课桌上，

**关键词**

课堂安全
备安全防范
安全检查
安全教育
离开课堂
课堂纪律
危险行为
提前下课
及时救助

对仪器再次加压，结果造成仪器的试管发生爆炸，坐在前排的学生小亮的左眼被炸伤。经医疗鉴定，小亮的伤残等级为八级。随后，小亮起诉到法院，要求学校以及肇事学生小海赔偿医疗费、营养费、整容费、护理费、误工费等各项损失8万多元。法院经开庭审理，判决学校承担90%的责任，学生小海承担10%的责任。

一提到课堂安全事故，大家可能马上想到，体育课上铅球扔错了方

向，击中了学生的脑门；或者物理课、化学课、生物课上实验器皿突然爆炸，炸伤了学生。的确，这些课堂比语、数、英等科目的课堂存在更多危险因素，更容易发生安全事故。然而，如果因此认为别的课堂就不可能发生危险，那就有失偏颇了。其实，任何一节课，从上课铃响到下课，都存在一些潜在的不安全因素，都有可能发生事故，需要教师尽心尽力加以防范。

## 一、实验课、体育课备课须备安全防范，加强安全教育，落实安全管理要求

安全工作重在预防。物理、化学、生物的实验课以及体育课因为涉及一些危险化学药品、教学器具的使用，或者涉及剧烈的肢体运动、复杂技能的练习，往往存在很多不安全因素。为了上好一堂具有一定安全风险的课，首先，教师在备课的时候，除了备教学方法、教学内容，还得备安全防范，要把可能存在的各种不安全因素都预设到，并有针对性地采取防范对策。其次，教师在课前应对实验用品、仪器、体育器械等教具、学具进行安全检查，发现存在安全隐患的，应当及时予以更换或修理，在更换或修理前不得投入使用。再次，上课时，教师应当对学生开展安全教育，让学生了解课程中存在的安全风险，增强其安全防范意识和自我保护能力。最后，在上课过程中，教师应当落实安全管理要求，要讲解、演示透彻实验操作规则、动作要领，对学生加强指导和监督，帮助其顺利完成学习任务。

## 二、按时上课，中途不要随意离开课堂

● 案例

53岁的丁老师是一名市级优秀教师，她怎么也没想到自己一个小小

的疏忽竟会酿成一场悲剧。那天上课的时候，她发现事先准备好的一张幻灯片落在了办公室。以往遇到这样的情况，她都会让科代表帮忙去取。或许是怕学生找不着，那天她选择自己回去拿。丁老师刚走，学生的学习压力一下子得到了释放。一贯懒散的小明同学打了一个哈欠，将脖子往后一仰，后脑勺靠在了后排同学小启的课桌上。小启觉得好玩，用双手紧紧锁住了小明的脖子。急于摆脱束缚的小明情急之下拿起桌上的铅笔不计后果地往后一杵，正好刺中了小启的左眼，鲜血随即淌出。班上的同学被这一幕吓呆了，胆小的同学吓得哭了起来。随后，闻讯赶到的老师急忙将小启送往医院救治。经诊断，小启的伤势为左眼穿通伤伴外伤性白内障。小启住院治疗近一个月，花费 2 万多元。小启出院后，由于无法与小明的家长及学校就赔偿问题达成一致意见，将小明和学校一起告上了法庭。在庭审中，主审法官委托鉴定机构对小启的伤情进行了鉴定，鉴定结论为小启的左眼损伤为十级伤残。随后不久，法院做出一审判决：被告小明承担主要责任，赔偿原告70%的损失；被告学校承担次要责任，赔偿原告30%的损失。

教师履行课堂安全管理职责的前提是，上课期间坚守岗位，不得缺岗。为此，首先，教师要做到按时上课，不得迟到。教师晚到哪怕只是一分钟，学生在教室里都有可能闹翻天，乃至引发意外伤害事故。其次，在上课过程中，教师不能随意撇下学生离开课堂。须知，一旦教师脱离课堂，学生即处于管理和保护的"真空"状态，在学习的压力和纪律的约束突然解除后，他们很有可能会做出出格的举动。这就要求，教师在上课前应当做好各方面的准备工作，在课堂进行过程中，不管出于什么原因，任课教师都不能撇下学生离开课堂而让学生处于"放羊"状态。回办公室取教具、上厕所或者外出看病，都不能成为教师中途离岗的理由。确因情况特殊必须离开课堂的，任课教师应当事先征得学校领导的同意，并由学校安排其他教师代课。否则，在教师脱岗期间一旦发生学生伤害事故，学校将会因疏于履行对学生的管理、保护之责而需要承担相应的民事责任。

## 三、管理课堂纪律，制止学生做出的危险行为

● 案例

据媒体报道，2008 年 6 月 12 日，安徽省长丰县某中学教师杨某正在教室上课，班上学生杨某和陈某不知为什么突然发生争执，随后两个人扭打起来。教师杨某没有及时有效地予以制止，反而气愤地说了一句"你们要是有劲，下课到操场上打"。随后，其他同学将杨某和陈某拉开。学生杨某回到座位上后，出现全身颤抖、口吐白沫等症状。几位同学见状急忙将杨某送往附近的医院救治，但为时已晚，学生杨某最终不治身亡。此事经披露后，媒体将教师杨某称为"杨不管"。有关方面也做出了处理，教师杨某被调离教学岗位，同时处以行政记大过处分，其所在中学校长被免除职务并处以行政记大过处分。

良好的课堂纪律，是教师开展教学和学生正常学习的基本条件。学生不守纪律、课堂秩序混乱，不但不利于课堂教学的进行，还有可能引发安全事故。纪律是秩序和安全的基本保障，管理课堂纪律是每一名任课教师的基本职责。放弃对课堂纪律的管理，任凭学生为所欲为，是教师失职的表现。

学生的各种课堂违纪行为，最应当引起教师警惕的是学生做出的危险行为。此类行为包括：携带危险物品或动物进教室；违规操作、玩弄带有一定危险性的教学设备、器物；手持小刀、剪刀、笔或其他尖锐物、硬物对着他人挥舞、比画；殴打他人；在教室内追逐、奔跑等。在上课过程中，一旦有学生做出此类危险行为，教师应当立即予以有效制止，并教育学生不得再犯。必要时，应当将违纪学生交给学校相关部门进行教育和处理。在实践中，如果教师对学生做出的危险行为视而不见，未及时、有效予以

制止，一旦发生安全事故，学校则必须对损害后果承担相应的民事责任。

## 四、不得提前让学生下课

● 案例

一日，某小学教师吴某在给三年级学生上体育课。距下课时间还有5分钟时，吴老师因有事需回办公室，就提前让学生下课。随后，当学生小东在操场上练习侧空翻时，另一名学生小良将其推倒，致使小东面部肌肉擦伤。事后，小东的家长带孩子看病，花去医疗费近千元。小东的家长找到学校，要求解决医疗费问题。因协商未果，小东将小良和学校一起告上法庭。法院经审理判决小良承担主要责任，学校承担次要责任。法院认为，教师吴某未到下课时间即宣布下课，对学生放任自流，导致小东被其他同学推倒受伤，学校具有疏于管理的过错，应当对损害后果承担一定的赔偿责任。

任课教师在上课过程中，如果提前完成了课堂任务，或者临时有事，能否提前宣布下课而后自顾离去呢？答案自然是否定的。学校对在校未成年学生负有教育、管理和保护的职责，按照学校的内部分工，在不同的时间、不同的场合，这一职责往往由不同的教师代表学校来履行。对某一节课的任课教师而言，其履行职责的时间一般始于规定的上课时间，终于规定的下课时间。如果教师为了抽身离开而提前让学生下课，使得学生处于无人监管的"放羊"状态，则意味着该教师个人打乱了学校的职责分工和安排，导致学校未能履行对学生的教育、管理和保护职责。在提前下课期间一旦发生学生伤害事故，学校必须承担一定的法律责任。因此，除非学校做出统一安排，或者发生自然灾害等危及师生安全的紧急情况，任课教师原则上不得提前让学生下课，而应当严格遵守学校关于课时的规定。

## 五、发现学生身体不适，应当及时予以救助

### ● 案例

据《燕赵晚报》报道，2009 年 4 月 21 日 11 时许，某农村小学一年级课堂上，男孩小昌一边听老师讲课，一边不自觉地将笔杆放进嘴里吮吸。一不小心，塑料笔的笔帽被咽到了肚子里。随后几名同学举手向老师报告了这一情况。老师询问小昌是否难受，小昌摇了摇头。老师对小昌说了一句"回去后告诉家长你吃了个笔帽"，便继续上课。据小昌的母亲介绍，孩子回家后并没有将吞笔帽的事告诉家长。当天晚上 10 点多，小昌感觉肚子胀，随后到村里诊所就医，凌晨 5 时许病情加重，转到医院就诊，但一直查不出病因。直到第二天 13 时许，在医生的提醒下，家长向老师打电话询问才知道孩子吃了笔帽。但为时已晚，小昌于第三天 15 时许死亡。医院出具的死亡报告显示小昌系呼吸循环衰竭而死。小昌的父母向法院起诉要求学校承担赔偿责任。

法院经审理认为，小昌是无民事行为能力人，在学校期间，学校对其负有管理和保护的责任，老师在被告知小昌误食笔帽后没有及时告知家长，也没有采取其他救助措施，导致孩子延误治疗并造成死亡，学校对此负有主要责任。据此，法院判决学校赔偿小昌的父母各项费用共计 85794.60 元。

在课堂上，某些情形之下教师对患病学生未及时采取救助措施，将有可能产生严重后果。为此，一方面，学校、教师平时应当教育学生，生病了就请假，尽量不要来学校；上课时万一出现身体不适，务必立即告诉教师。另一方面，任课教师在课堂上一旦发现学生突发疾病，应立即通知其班主任，由班主任或其他教师带学生到学校医务室检查，或者直接送往医院救治。对生病的学生，任课教师绝不能不闻不问，否则，一旦因此导致学生延误救治，校方需要对加重的损害后果承担相应的民事责任。此外，发现学生患病，学校还应当及时通知家长，保障家长的知情权，以便家长

及早介入孩子的救治工作。

## 策略·建议

1. 教师备课应备安全防范，事先对教具进行安全检查，不使用存在安全隐患的器具。课前应对学生进行充分的安全教育，让学生牢记注意事项，并为课堂的顺利进行做好充分的知识准备和肢体活动准备。
2. 在课堂上，教师应维持良好的教学秩序，对学生的活动加强管理和监督，不中途离开课堂，不提前下课，不让学生处于放任自流状态。
3. 一旦发现学生做出危险行为，立即予以有效制止；学生出现身体不适的，教师应当及时予以救助。

### 相关规定

　　《中小学幼儿园安全管理办法》第二十八条："学校在日常的教育教学活动中应当遵循教学规范，落实安全管理要求，合理预见、积极防范可能发生的风险……"

　　《中小学幼儿园安全管理办法》第三十条："学校应当按照《学校体育工作条例》和教学计划组织体育教学和体育活动，并根据教学要求采取必要的保护和帮助措施……"

　　《中小学幼儿园安全管理办法》第三十八条："学校应当按照国家课程标准和地方课程设置要求，将安全教育纳入教学内容，对学生开展安全教育，培养学生的安全意识，提高学生的自我防护能力。"

# 48. 未及时向家长通报学生的健康和安全信息，可能会引发事故

## ● 案例

据"中新网"报道，区某怡就读于广西藤县某村小学学前班。由于家离学校并不远，区某怡平时都是步行往返学校，不需要父母接送。2015年5月5日上午，区某怡按时到校上学，但当日下午并未到校上学，当时代班老师发现了这一情况，但没有告知家长。当天下午18时，区某怡的母亲孙某枚见女儿未按时回家，就发动家属、邻居、老师等人到村中各角落寻找。晚上11时许，孙某枚在距离学校不远的一处竹根下发现区某怡的遗体。经藤县公安局确认，区某怡系被害身亡。痛失女儿的区某军、孙某枚夫妇认为学校未尽到相应的监护管理义务，为此诉至法院，要求学校承担50%的赔偿责任，即赔偿经济损失10万余元。

法院经审理认为，按照《中小学幼儿园安全管理办法》第二十四条的规定，学校应当建立学生安全信息通报制度，将学校规定的学生到校和放学时间、学生非正常缺席或者擅自离校情况以及学生身体和心理的异常状况等关系学生安全的信息，及时告知其监护人。被害人区某怡是被告的学生，被告应当将原告女儿未到校的情况及时告知原告，但被告并未履行这

> **关键词**
>
> 学生人身安全信息
> 到校和放学时间
> 非正常缺席
> 擅自离校
> 身患疾病
> 受到人身伤害
> 身体和心理异常状况
> 书面通知
> 口头通知

一告知义务。《中小学幼儿园安全管理办法》第三十一条规定，小学、幼儿园应当建立低年级学生、幼儿上下学时接送的交接制度。案发时被告未建立低年级学生上下学时接送的交接制度，可见被告未尽到管理职责。据此，法院判决被告承担10%的责任，赔偿原告因区某怡死亡而造成的损失20552.40元。

按照法律规定，对涉及在校学生人身安全的信息，学校应当及时告知学生的监护人。一旦学校因疏忽而延迟通报、漏报，或者出于某种目的而故意瞒报，就有可能造成学生的监护人无法及时、准确地了解孩子的行踪并施以监护，也可能造成监护人无法及时了解孩子的安全、健康信息，从而导致错失寻找、救治、挽救孩子的最佳时机，酿成无法挽回的悲剧。从法律责任看，对已经发生的学生伤害事故，如果学校存在未及时将学生安全信息通报给学生的监护人的情形，则表明学校未履行法定的义务，构成失职。一旦学校的这一失职行为成为学生伤害事故的一个诱因，或者成为导致学生病情加重的一个原因，则学校还有可能被学生及其监护人告上法庭，并被法院判决承担相应的民事责任。

那么，对学校和教师而言，哪些学生安全信息应当及时通报给家长呢？根据《中小学幼儿园安全管理办法》《学生伤害事故处理办法》以及其他相关法律、法规、规章的规定，学校应当通报的与学生人身安全直接相关的信息主要包括以下几个方面。

一是学校规定的学生到校和放学时间。开学初，学校应当通过公告的形式，将学校作息制度（含学生每日到校、放学时间等）向全体家长进行通报。日后，一旦学校因某种原因须对学生到校或放学时间进行临时调整，特别是推迟上学时间或提前放学，学校应当提前另行通知学生的家长，以便家长相应地调整接送孩子的时间，或及时掌握孩子的行踪变化信息并采取相应的防范措施。

二是学生非正常缺席或者擅自离校的情况。在规定的上学时间内，学生未经事先请假而无故缺席或者擅自离校，表明学生在脱离家长的监护以及学校的管理和保护的情况下有可能已经出事或者将要出事，此时家长能否及时跟进采取相应的安全措施，取决于学校是否及时将相关信息通报给家长。一旦学校通报延迟，就有可能错过寻找和挽救孩子的最佳时机。

三是学生身患疾病或受到人身伤害的情况。在学生突发疾病或受到人身伤害的情况下，家长在第一时间获知消息，有利于其及时对孩子的治疗问题做出决断，也有利于尽快稳定孩子的情绪和心理。

四是其他身体和心理的异常状况等关系学生安全的信息。例如，学生出现精神突然反常、情绪持续不佳（如不停地哭泣）、健康水平下降（如视力急剧下降、体检中发现学生的某一或某些生理机能的指标偏离正常值）等直接关系学生身心安全的情形，学校应当及时告知学生的家长，提醒其对孩子的健康加以关注，防止发生意外。

学校在通报信息的时候，应当采取什么样的方式呢？学生安全信息通报应当以书面通报为主，以口头通报为辅。书面通报的形式包括向每位家长发放告家长书、致家长的一封信、家长须知、通知，在校门口张贴公告，向家长发送手机短信、微信消息等。向家长发送手机短信、微信消息，应当以学校事先保存有经家长本人确认的手机号码、微信号为前提。对重要的学生安全信息，学校和教师应当采用向家长发放告知书、通知的通报形式，并附有回执，回执经家长签字后交回学校妥善保管，以备在发生纠纷的情况下作为证物使用。

口头通报的形式包括电话通知和当面通知，主要使用于情况紧急、时间急迫的场合，如学生突患疾病、受到意外伤害、旷课或擅自离校等。采用口头通报的，为了避免日后发生纠纷时学校难以证明自身曾履行过通报的义务，事后最好补发书面通报并取得回执，或者在进行口头通报时利用音像设备实时将通报的过程固定下来。需要特别注意的是，无论是口头通报还是书面通报，鉴于法律规定的通报对象是学生的监护人，学校和教师应当确保监护人本人可以收到通报的内容，不能只是简单地让学生转告、转交家长后便不再过问，以免出现让学生转告而学生忘了告诉家长、让学生带通知回家而学生忘了交给家长等情形，从而引发纠纷。

1. 学校应当建立学生安全信息通报制度，及时将关系在校学生人身安全的信息通报给学生的监护人。
2. 履行信息通报义务的时候，可采取书面通报和口头通报的方式。重大事项、通报对象涉及全体学生或大部分学生的事项，应当采用书面通报的方式。紧急事项、通报对象涉及个别学生的事项，可采取口头通报的方式，但应当做好记录，留有凭证。

相关规定

《中小学幼儿园安全管理办法》第二十四条："学校应当建立学生安全信息通报制度，将学校规定的学生到校和放学时间、学生非正常缺席或者擅自离校情况以及学生身体和心理的异常状况等关系学生安全的信息，及时告知其监护人……"

《学生伤害事故处理办法》第九条："因下列情形之一造成的学生伤害事故，学校应当依法承担相应的责任……（十一）对未成年学生擅自离校等与学生人身安全直接相关的信息，学校发现或者知道，但未及时告知未成年学生的监护人，导致未成年学生因脱离监护人的保护而发生伤害的……"

# 49. 发生学生伤害事故，要及时履行救助和通知义务

● **案例**

　　小虎是某农村小学四年级学生。某日上午，在上课过程中，小虎突然感觉身体不适，出现精神不振、额头出汗等症状。任课教师发现这一情况后，随即派班上的两名学生小刚、小强（当时均为11岁）护送小虎回家。到达小虎家门口时，看见大门锁着，而小虎本人没带钥匙，小刚和小强就把小虎放在地上，然后返回了学校。不久，邻居陶老太太发现小虎躺在家门口，便喊来同村的郭某，让他抱着小虎去本村的诊所看病。由于没有找到医生，郭某便抱着小虎往回走，途中碰见小虎的父亲董某。董某将儿子送到乡医院。乡医院诊断小虎患病毒性脑炎。当天下午4点左右，小虎被转到市医院，但为时已晚，很快就不治身亡。市医院的诊断结论为小虎系急性食物中毒致多脏器功能衰竭而死。事发后，小虎的父母认为，如果学校尽到了责任，不延误治疗，小虎的病情或许有转机。于是他们将学校告上了法庭，要求学校赔偿医疗费及死亡赔偿金等各项损失。

　　法院经审理认为，学校对在校的未成年学生负有管理和保护的职责，应保护其人身健康和安全，小虎在校身患急症，任课教师没有及时把他送

伤害事故
突发疾病
及时救助
延误治疗
医务室
急救电话
急救措施
及时通知
知情权

往医院或直接与其家长联系，导致小虎错过最佳救治时间而死亡。学校对此存有一定的过错，应承担相应的民事责任。

在这起案例中，小虎在家吃完早餐去上学，后因食物中毒导致多脏器功能衰竭而死亡。如果教师发现小虎身体不适能够及时将其送往医院救治，并通知家长，那么小虎或许可以抢救过来，就算抢救未果，也跟学校关系不大。然而，事发当日，教师处置不当，延误了小虎的治疗，导致其不治身亡。教师错在什么地方呢？错在未履行法律规定的救助和通知义务。根据《中华人民共和国未成年人保护法》及《学生伤害事故处理办法》的规定，发生学生伤害事故，学校应当立即救助受伤害学生，并应当及时告知未成年学生的监护人；有条件的，应当采取紧急救援等方式救助。

由此可见，学生在校突发疾病或者发生事故受伤，学校应当及时、妥善地进行应急处置，做好下面两项工作。

## 一、及时救助患病或受伤害的学生

学生突发疾病或发生意外伤害后，早一点儿抢救和晚一点儿抢救，结果可能截然不同。一些教师在课堂上发现学生出现身体不适，不够重视，以为不要紧，学生坚持一会儿没准就没事了，因而没有采取任何措施。还有一些教师认为，学生的疾病或事故是由自身的原因造成的，校方没什么责任，要等家长来学校后，再由家长决定如何处置、是否送医，因此未及时救助。此类疏忽大意、推卸责任的做法，很容易造成延误救治的后果。

正确的做法是，发现学生出现身体不适或受伤，教师应当及时带其去学校医务室检查、处理，或者将校医叫到现场进行处理，再由校医决定是否送医治疗。学生病情、伤势严重的，应当立即拨打120急救电话，或者在向学校领导汇报后径直将学生就近送往医院诊断治疗。

如果学生出现流血不止、异物卡喉、呼吸和心跳停止等紧急状况，学校还应当视情况当场对学生采取包扎止血、海姆立克法、心肺复苏等急救措施，以免学生伤情或病情迅速恶化，为后续专业医生的进一步施救争取时间或打下良好的基础。为保险起见，此类急救措施应当由校医或者其他受过急救训练的教职工来做，以免因为措施不当反而加重学生的伤情或病情，给学生造成二次伤害。

## 二、及时通知患病或受伤害学生的家长

家长是未成年学生的监护人，有权知悉孩子在校的安全与健康状况，以便及时履行监护职责。发生学生伤害事故或学生突发疾病后，一些学校领导和教职工或认为伤害轻微、事情不大，没有必要让家长知道；或因担心家长责怪，长时间迟疑不决，怠于及时、主动联系家长；或因忙于救助学生、处理其他工作，而将通知家长一事抛在脑后，由此导致家长未能及时知悉孩子的安危和健康状况，从而引起家长不满，引发家校纠纷，乃至在后续诉讼纠纷中使学校陷于被动。须知，按照法律规定，学生突发疾病或受到人身伤害，学校除了要及时履行救助义务之外，还应当及时通知学生的监护人，履行通知义务。

学校及时通知学生的家长，既是保障家长知情权的需要，也有利于家长尽快参与到孩子的救助当中。家长及时获知消息或者赶到孩子身边，有利于其及时对孩子的治疗问题做出决断，也有利于尽快稳定孩子的情绪和心理，更好地保护孩子的权益。如果学校怠于履行通知义务，就表明校方没有充分尽到管理和保护职责，对事故的处理存在一定过错，从而需要承担相应的责任。

**策略·建议**

1.学生在校突发疾病或者发生事故受到伤害，学校应当立即将其送医

检查、治疗，或者拨打 120 急救电话。学生伤情紧急的，学校还应当根据需要当场采取适当的急救措施（如包扎止血、海姆立克法、人工呼吸、心肺按压、使用 AED 救助等），尽可能防止学生病情或伤情迅速恶化。

2. 在履行救助义务的同时，学校还应当让班主任或者其他教职工及时通知学生的家长。

相关规定

《中华人民共和国未成年人保护法》第三十七条："……未成年人在校内、园内或者本校、本园组织的校外、园外活动中发生人身伤害事故的，学校、幼儿园应当立即救护，妥善处理，及时通知未成年人的父母或者其他监护人，并向有关部门报告。"

《学生伤害事故处理办法》第十五条："发生学生伤害事故，学校应当及时救助受伤害学生，并应当及时告知未成年学生的监护人；有条件的，应当采取紧急救援等方式救助。"

# 50. 怎样判断学生伤害事故的法律责任

● 案例

据"密云法院"微信公众号消息，小秦和小英是初中同学，一天课间休息时，两人在教室旁的楼梯附近打闹，小秦从后方搂住小英颈部将其拉拽到卫生间附近。经同学劝阻无效后，小英搂住小秦肩部，双方继续在楼道内相互撕扯，后双方均因重心不稳而摔倒，倒地时小英坐在了小秦的小腿上。校医赶至现场后并未对小秦采取任何救治措施。经医院诊断，小秦的伤情为右侧胫骨远端骨骺损伤、右侧腓骨远端骨折。小秦因此支付医疗费3万余元。

**关键词**

法律责任
过错原则
教育、管理职责
无民事行为能力人
推定过错
限制民事行为能力人
第三人

就小秦受伤所造成的医疗费、护理费、交通费等，三方不能协商一致，故小秦将小英及其父母、学校诉至法院，要求小英一方及学校共同赔偿其5万余元。

法院经审理认为，小秦与小英均已具备一定的安全意识和规则意识，对自身行为的性质与后果已有一定程度的预知和控制能力，二人明知推搡等打闹行为违反校规校纪，仍于课间休息时间在楼道里打闹，经同学劝阻后并未停止打闹，最终双方在相互撕扯中均因站立不稳倒地，小秦因此受伤。小秦搂住小英颈部将其拖拽至卫生间门口的行为是本次事件的起因，在其与小英进行撕扯过程中因重心不稳倒地受伤是本次事件发生的主要原因；小英搂住小秦肩部与其进行撕扯的行为与小秦受伤存在因果关系，其对小秦受伤具有一定过错，应在其过错范围内承担相应的赔偿责任。学校虽平时对学生进行了安全教育，但在学生进行打闹时并未及时制止，且在小秦受伤时，校医到场后并未采取任何救治措施，故学校在教育管理上存在一定疏漏，未尽到教育、管理职责，应对小秦受伤造成的损失承担一定责任。小英的父母作为其监护人，应对小英对小秦造成的损害共同承担赔偿责任。最终，法院酌定小秦、小英、学校分别承担60%、20%、20%的责任。判决由小英及其父母、学校各赔偿小秦损失近一万元。

对学生伤害事故的法律责任，我国现行法律确立的一般归责原则是过错原则，即根据行为人有没有过错，来判断其是否应承担责任。行为人对损害后果的发生有过错的，应承担责任；无过错的，不承担责任。受害人对损害后果的发生也存在过错的，可以减轻侵权人的责任。多个主体均有过错的，则由各方分担责任，具体的责任比例大小，由法院根据各方过错程度、各方行为对损害后果发生的影响力大小等因素酌情确定。例如，在前述案例中，对小秦的受伤，小秦自身、小英和学校均有过错，其中小秦搂住小英颈部将其拖拽至卫生间门口是事故的起因，小秦自身的过错和行为对事故的发生起主要作用，因而应承担主要责任（法院判决其承担60%的责任），小英和学校存在一定的、次要的过错，因而应承担次要责任（法院判决小英、学校分别承担20%的责任）。

涉及学校的过错认定，有时比较复杂。怎么判断学校是否有过错？关于学生伤害事故，其他行为主体的过错主要表现为积极的作为（即主动实施某种有害行为），而学校的过错主要表现为消极的不作为（即未履行法律规定的职责和义务）。按照法律规定，学校对在校学生负有教育、管理职责，应采取措施消除校园环境中存在的安全隐患，预防发生学生伤害事故。实践中，学校未履行前述职责，即表明其存在过错，应对事故承担相应的责任。

# 一、三种情形下学校法律责任的认定

为了准确界定学校的法律责任,《中华人民共和国民法典》用了三个法律条文,分三种情形来阐述,具体情况如下。

## (一)无民事行为能力人受到人身伤害后的法律责任

《中华人民共和国民法典》第一千一百九十九条规定:"无民事行为能力人在幼儿园、学校或者其他教育机构学习、生活期间受到人身损害的,幼儿园、学校或者其他教育机构应当承担侵权责任;但是,能够证明尽到教育、管理职责的,不承担侵权责任。"

这里的"无民事行为能力人",是指不满八周岁的未成年人,主要包括幼儿园的幼儿以及中低年级小学生。根据该条文的规定,不满八周岁的未成年人在幼儿园或学校学习、生活期间发生伤害事故,首先推定幼儿园、学校有过错,需要承担责任。但是,如果幼儿园、学校能够拿出证据证明自己已经尽了教育、管理职责,则不承担责任;拿不出证据的,就要承担责任。在此种情况下,承担举证责任的是幼儿园和学校,受伤害的幼儿、学生不承担举证责任。在这里,幼儿园、学校承担的仍然是过错责任,只不过法律上采用的是"推定过错"。

## (二)限制民事行为能力人受到人身伤害后的法律责任

《中华人民共和国民法典》第一千二百条规定:"限制民事行为能力人在学校或者其他教育机构学习、生活期间受到人身损害,学校或者其他教育机构未尽到教育、管理职责的,应当承担侵权责任。"

这里的"限制民事行为能力人",是指八周岁以上的未成年人,主要包括中高年级小学生和中学生。根据这一条文的规定,八周岁以上的未成年人在校学习、生活期间发生伤害事故,能够证明学校未尽到教育、管理职责,有过错的,则学校应承担责任;无法证明学校未尽到教育、管理职责的，则学校不承担责任。这一条文和前面的《中华人民共和国民法典》第一千一百九十九条的主要区别在于，后者针对无民事行为能力人，采用的是"推定过错"，出事后首先推定幼儿园、学校有过错、应担责，幼儿园、学校若想免责，则需要举证证明自身已尽教育、管理职责；而本条文针对限制民事行为能力人，采用的是一般过错责任原则——"谁主张，谁举证"，由受伤害学生一方举证证明学校有过错，未尽到教育、管理职责，证明不了的，将承担不利的法律后果。

## （三）第三人侵权的法律责任

### ● 案例

据媒体报道，2005年6月5日，刘某因与林某发生感情纠纷，于是将一把管制刀具藏在随身携带的背包内，随后以给孩子送文具为名，经门卫允许进入林某之子赵某就读的学校，将赵某叫到无人处后朝其身上猛扎数刀，致使赵某当场死亡。

《中华人民共和国民法典》第一千二百零一条规定："无民事行为能力人或者限制民事行为能力人在幼儿园、学校或者其他教育机构学习、生活期间，受到幼儿园、学校或者其他教育机构以外的第三人人身损害的，由第三人承担侵权责任；幼儿园、学校或者其他教育机构未尽到管理职责的，承担相应的补充责任。幼儿园、学校或者其他教育机构承担补充责任后，可以向第三人追偿。"

这一条文规定的是因校外第三人侵权而引发的学生伤害事故的法律责任。根据这一规定，未成年人在幼儿园、学校学习、生活期间发生伤害事故，如果伤害是由幼儿园、学校之外的第三人造成的，则由该第三人承担责任，但如果在事故发生过程中幼儿园、学校存在未尽到管理职责的情形，则幼儿园、学校需要承担补充责任。例如，因为幼儿园、学校门卫制度不健全，导致外人轻易混入校园对学生实施伤害的，对受害学生所遭受的损失，学校应当"承担相应的补充责任"，即在第三人的财产不足以承担其应负的民事责任时，由学校承担与其过错相应的补充赔偿责任。学校在向学生做了补充赔偿之后，可以向侵权的第三人进行追偿。

## 二、怎样判断学校是否尽了教育、管理职责

未成年人在幼儿园、学校学习、生活期间发生伤害事故后，幼儿园、学校承担责任的前提是"未尽到教育、管理职责"，存在过错。那么，在实践中，幼儿园、学校该如何判断自身是否尽了教育、管理职责呢？目前，幼儿园、学校的教育、管理职责主要规定于《中华人民共和国教育法》《中华人民共和国教师法》《中华人民共和国未成年人保护法》《中小学幼儿园安全管理办法》《学生伤害事故处理办法》《学校卫生工作条例》《学校体育工作条例》《未成年人学校保护规定》《幼儿园管理条例》《幼儿园工作规程》等法律、法规和规章之中，其中尤以《中小学幼儿园安全管理办法》的规定最为全面。这些教育、管理职责可以归纳为以下几个方面。

一是设施要安全。幼儿园、学校应当保证校园建筑、场地、设施、设备、器材和药品等符合安全标准。

二是制度要健全。幼儿园、学校应建立健全各个方面的校园安全管理制度。

三是管理要到位。幼儿园、学校对在校幼儿、学生的行为应当加强管理，及时、有效地制止幼儿、学生做出的危险行为，及时制止侵犯幼儿、学生合法权益的行为；及时消除校园环境中存在的安全隐患。

四是教育要常做。幼儿园、学校应当经常性地对在校幼儿、学生开展安全教育，提高其安全防范意识和自我保护能力。

五是救助要及时。幼儿、学生在校突发疾病或者发生事故，幼儿园、

学校应当及时予以救助，尽可能降低损害后果。

一旦幼儿园、学校未尽到上述教育、管理职责，导致在校幼儿、学生受到意外伤害或导致其损害后果加重，即表明幼儿园、学校存在过错，需要承担与其过错相应的法律责任。

## 策略·建议

1. 在校学生发生伤害事故后，学校可从调查事故的起因入手，查明学校及教职工是否恰当地履行了教育、管理之责，是否尽其所能地采取了相关安全防范措施以避免伤害事故发生，事故是否是学校自身无法预见、无法避免的，从而得出学校是否有过错的结论。
2. 学校有过错，则应担责，且承担与过错大小相应的法律责任；无过错，则不承担责任。

## 相关规定

《中华人民共和国民法典》第一千一百六十五条："行为人因过错侵害他人民事权益造成损害的，应当承担侵权责任。依照法律规定推定行为人有过错，其不能证明自己没有过错的，应当承担侵权责任。"

《中华人民共和国民法典》第一千一百九十九条："无民事行为能力人在幼儿园、学校或者其他教育机构学习、生活期间受到人身损害的，幼儿园、学校或者其他教育机构应当承担侵权责任；但是，能够证明尽到教育、管理职责的，不承担侵权责任。"

《中华人民共和国民法典》第一千二百条："限制民事行为能力人在学校或者其他教育机构学习、生活期间受到人身损害，学校或者其他教育机构未尽到教育、管理职责的，应当承担侵权责任。"

《中华人民共和国民法典》第一千二百零一条："无民事行为能力人或者限制民事行为能力人在幼儿园、学校或者其他教育机构学习、生活期间，受到幼儿园、学校或者其他教育机构以外的第三人人身损害的，由第三人承担侵权责任；幼儿园、学校或者其他教育机构未尽到管理职责的，承担相应的补充责任。幼儿园、学校或者其他教育机构承担补充责任后，可以向第三人追偿。"